国家级一流本科专业（地理科学）建设点项目（教高厅函〔2021〕7号）
国家级一流本科专业（旅游管理）建设点项目（教高厅函〔2022〕14号）
全国教育科学规划2023年度教育部重点课题"乡村教师地方融入的维度、特征及提升路径研究"（DHA230407）
湖南省高校思想政治工作精品项目"传统村镇保护研究中大学生民族文化自信培育探索与实践"（19PJ025）
湖南省基础教育教学改革研究项目"面向乡土文化传承的中学研学课程设计研究与实践"（Y2024947）联合资助

侗族传统村落研学教程

杨立国 等 著

广西师范大学出版社
·桂林·

侗族传统村落研学教程
DONGZU CHUANTONG CUNLUO YANXUE JIAOCHENG

图书在版编目（CIP）数据

侗族传统村落研学教程 / 杨立国等著. -- 桂林：广西师范大学出版社，2024.12
ISBN 978-7-5598-6918-0

Ⅰ．①侗… Ⅱ．①杨… Ⅲ．①侗族－村落文化－中国－教材 Ⅳ．①K287.2

中国国家版本馆 CIP 数据核字（2024）第 086905 号

广西师范大学出版社出版发行

（广西桂林市五里店路 9 号　邮政编码：541004）

网址：http://www.bbtpress.com

出版人：黄轩庄

全国新华书店经销

桂林广大文化发展有限责任公司印刷

（桂林市中华路 22 号　邮政编码：541001）

开本：787 mm × 1 092 mm　1/16

印张：12.25　插页：2　字数：300 千

2024 年 12 月第 1 版　　2024 年 12 月第 1 次印刷

定价：89.00 元

如发现印装质量问题，影响阅读，请与出版社发行部门联系调换。

《侗族传统村落研学教程》编委会

主　笔　杨立国　刘小兰　龙凯惠　张家界
成　员　阮丽萍　王佳琴　宁旺芬
　　　　　辛　静　刘　旭　黄楚敏
　　　　　李　娇　杨清清　龙　婷

前　言

文化是一个国家、一个民族的灵魂。乡土文化是中国传统文化的重要组成部分，凝结着乡土社会大众共同的精神寄托，是情感共鸣的载体和文化身份认同的标志。中国传统村落是我国数千年农耕文明的智慧积淀，被誉为中华传统文化的"活化石"。随着我国城镇化的快速推进，许多优美的传统村落和乡土建筑风貌遭受了严重冲击，出现了人际交往中的传统风俗及契约关系逐渐被理性化规则取代、乡村建设重物质而轻精神等诸多问题。乡土文化正面临着被摧毁的危机。

党的二十大报告中明确提出"全面推进乡村振兴"。深刻认识乡村优秀传统文化（即乡土文化）的价值，在时代中继承创新乡村文化，实现"乡风文明"。人是传承乡土文化的重要载体。开展乡土文化教育有利于传承优秀乡土文化，提升乡村文明程度。如何在中学开展乡土文化教育，既是实现乡村文化振兴的重要组成部分，也是当前我国基础教育面临的重要课题。

为了落实国家"乡村振兴战略"和《国家中长期教育改革和发展规划纲要（2010—2020年）》，自2013年以来，国务院以及文化和旅游部等部门陆续出台文件支持研学旅行。传统村落研学让数亿学子走出校门，走进大自然，走向火热的生活实践。侗族传统村落是指聚居人口以侗族人口为主的传统村落，是中国传统村落的一部分。根据住房和城乡建设部等部门公布的中国传统村落名录，截至2023年10月，侗族传统村落共有122个，主要分布在贵州省、湖南省和广西壮族自治区三省（区）交界地带，且南部多北部少。全书分为村落的衣、食、住、行四个部分，包括侗锦、蜡染、侗服、银饰、侗年、合拢宴、酸食、稻鱼、鼓楼、吊脚楼、萨坛、风雨桥、杉树、坝子、侗款、侗戏、芦笙、大歌、多耶、剪纸20个内容的研学课程设计。

本书凝聚了许多人的心血。首先，承蒙衡阳师范学院地理与旅游学院提供平台以及前辈们的指导和帮助，他们带我进入传统村落的研究领域；其次，感谢国家自然科学基金委员会和湖南省教育厅，其支持我从事侗族传统村落研究十多年，由此我积累了丰富的研究材料，也与地方政府、学校和老百姓建立了深厚的联系；最后，感谢我的研究生的辛勤付出，他们是2021级龙凯惠、王佳琴，2022级张家界、阮丽萍、宁旺芬、辛静、刘旭，2023级黄楚敏、杨清清、龙婷、李娇。

全书由杨立国总体构思与设计，张家界、刘小兰协助设计，龙凯惠协助统稿，黄楚敏、宁旺芬、杨清清、张家界、龙凯惠、阮丽萍、王佳琴、龙婷、李娇、辛静、刘旭参与写作。

因水平有限，书中存在的疏漏之处，恳请广大读者批评指正。

杨立国
2023 年 12 月 4 日

目　录

第一部分　衣：侗族史书

第 1 章　侗锦：会说话的侗文化 ································ 3
1.1　侗锦课程设计 ·· 3
1.1.1　侗锦设计意图 ··· 3
1.1.2　侗锦教学目标 ··· 3
1.1.3　侗锦教学准备 ··· 4
1.2　侗锦教学过程 ·· 5
1.2.1　侗锦之意 ··· 5
1.2.2　侗锦之路 ··· 7
1.3　侗锦研学评价 ·· 9

第 2 章　蜡染：穿越千年的传承 ································ 10
2.1　蜡染课程设计 ··· 10
2.1.1　蜡染设计意图 ·· 10
2.1.2　蜡染教学目标 ·· 11
2.1.3　蜡染教学准备 ·· 12
2.2　蜡染教学过程 ··· 13
2.2.1　探秘蜡染生境 ·· 13
2.2.2　体验蜡染工艺 ·· 15
2.2.3　探寻蜡染发展 ·· 16
2.3　蜡染研学评价 ··· 18

第 3 章　侗服：穿在身上的史书 ································ 19
3.1　侗服课程设计 ··· 19
3.1.1　侗服设计意图 ·· 19
3.1.2　侗服教学目标 ·· 20
3.1.3　侗服教学准备 ·· 20
3.2　侗服教学过程 ··· 22

	3.2.1 侗族服饰初见	22
	3.2.2 侗族服饰制作	23
	3.2.3 侗族服饰设计	23
3.3	侗服研学评价	25

第4章 银饰：珍品是怎样炼成的 26

4.1 银饰课程设计 26
    4.1.1 银饰设计意图 26
    4.1.2 银饰教学目标 27
    4.1.3 银饰教学准备 27
4.2 银饰教学过程 29
    4.2.1 侗族银饰初探 29
    4.2.2 银饰制作学习 30
    4.2.3 侗族银饰设计 31
4.3 银饰研学评价 32

第二部分 食：侗族珍馐

第5章 侗年：家家户户齐"过冬" 35

5.1 侗年课程设计 35
    5.1.1 侗年设计意图 35
    5.1.2 侗年教学目标 35
    5.1.3 侗年教学准备 36
5.2 侗年教学过程 38
    5.2.1 初识侗年 38
    5.2.2 侗年庆祝活动的地理背景 39
    5.2.3 侗年的价值 41
5.3 侗年研学评价 43

第6章 合拢宴：一宴食得百家味 44

6.1 合拢宴课程设计 44
    6.1.1 合拢宴设计意图 44
    6.1.2 合拢宴教学目标 44
    6.1.3 合拢宴教学准备 45
6.2 合拢宴教学过程 46

		6.2.1 合拢宴的吃法	46
		6.2.2 合拢宴的吃食	47
	6.3	合拢宴研学评价	49

第7章 酸食：舌尖上的侗族美食 ... 51
7.1 酸食课程设计 ... 51
7.1.1 酸食设计意图 ... 51
7.1.2 酸食教学目标 ... 52
7.1.3 酸食教学准备 ... 52
7.2 酸食教学过程 ... 54
7.2.1 寻酸 ... 54
7.2.2 探酸 ... 55
7.2.3 谈酸 ... 57
7.3 酸食研学评价 ... 58

第8章 稻鱼：当"稻"遇上"鱼" ... 60
8.1 稻鱼课程设计 ... 60
8.1.1 稻鱼课程意图 ... 60
8.1.2 稻鱼教学目标 ... 61
8.1.3 稻鱼教学准备 ... 61
8.2 稻鱼教学过程 ... 63
8.2.1 初见稻鱼 ... 63
8.2.2 稻鱼的养殖 ... 64
8.2.3 稻鱼的意义 ... 66
8.3 稻鱼研学评价 ... 67

第三部分 住：侗族建筑

第9章 鼓楼：木构建筑的瑰宝 ... 71
9.1 鼓楼课程设计 ... 71
9.1.1 鼓楼设计意图 ... 71
9.1.2 鼓楼教学目标 ... 71
9.1.3 鼓楼教学准备 ... 72
9.2 鼓楼教学过程 ... 73
9.2.1 初见鼓楼 ... 73

		9.2.2 再探鼓楼 ……………………………………………… 74
		9.2.3 解密鼓楼 ……………………………………………… 75

9.3 鼓楼研学评价 …………………………………………………… 77

第 10 章 吊脚楼：长了"脚"的房子 …………………………………… 79

10.1 吊脚楼课程设计 ………………………………………………… 79

    10.1.1 吊脚楼设计意图 …………………………………………… 79

    10.1.2 吊脚楼教学目标 …………………………………………… 80

    10.1.3 吊脚楼教学准备 …………………………………………… 80

10.2 吊脚楼教学过程 ………………………………………………… 82

    10.2.1 走进老寨村 ………………………………………………… 82

    10.2.2 初识吊脚楼 ………………………………………………… 83

    10.2.3 解密吊脚楼 ………………………………………………… 85

10.3 吊脚楼研学评价 ………………………………………………… 86

第 11 章 萨坛：侗族的部落保护神位 …………………………………… 88

11.1 萨坛课程设计 …………………………………………………… 88

    11.1.1 萨坛设计意图 ……………………………………………… 88

    11.1.2 萨坛教学目标 ……………………………………………… 88

    11.1.3 萨坛教学准备 ……………………………………………… 89

11.2 萨坛教学过程 …………………………………………………… 90

    11.2.1 初识萨坛 …………………………………………………… 90

    11.2.2 萨坛的营造 ………………………………………………… 91

    11.2.3 萨坛的保护 ………………………………………………… 93

11.3 萨坛研学评价 …………………………………………………… 94

第 12 章 风雨桥：不可思议的桥梁 …………………………………… 95

12.1 风雨桥课程设计 ………………………………………………… 95

    12.1.1 风雨桥设计意图 …………………………………………… 95

    12.1.2 风雨桥教学目标 …………………………………………… 95

    12.1.3 风雨桥教学准备 …………………………………………… 96

12.2 风雨桥教学过程 ………………………………………………… 97

    12.2.1 初识风雨桥 ………………………………………………… 97

    12.2.2 风雨桥的营造 ……………………………………………… 99

    12.2.3 风雨桥的功能 ……………………………………………… 100

12.3 风雨桥研学评价 ………………………………………………… 102

第 13 章　杉树：永不枯竭的生命 ·········· 103
13.1　杉树课程设计 ·········· 103
13.1.1　杉树设计意图 ·········· 103
13.1.2　杉树教学目标 ·········· 104
13.1.3　杉树教学准备 ·········· 105
13.2　杉树教学过程 ·········· 107
13.2.1　初识杉树 ·········· 107
13.2.2　杉树的特性 ·········· 108
13.2.3　杉树的文化 ·········· 110
13.3　杉树研学评价 ·········· 111

第 14 章　坝子：靠山吃山，靠水吃水 ·········· 113
14.1　坝子课程设计 ·········· 113
14.1.1　坝子设计意图 ·········· 113
14.1.2　坝子教学目标 ·········· 114
14.1.3　坝子教学准备 ·········· 114
14.2　坝子教学过程 ·········· 116
14.2.1　初识坝子 ·········· 116
14.2.2　坝子的作用和意义 ·········· 117
14.2.3　坝子在文化传承中的重要地位 ·········· 119
14.3　坝子研学评价 ·········· 120

第四部分　行：侗族交流

第 15 章　侗款：侗族人的基因密码 ·········· 125
15.1　侗款课程设计 ·········· 125
15.1.1　侗款设计意图 ·········· 125
15.1.2　侗款教学目标 ·········· 125
15.1.3　侗款教学准备 ·········· 126
15.2　侗款教学过程 ·········· 127
15.2.1　什么是侗款 ·········· 127
15.2.2　侗款从何而来 ·········· 128
15.2.3　侗款去向何处 ·········· 129
15.3　侗款研学评价 ·········· 130

第16章 侗戏：侗族人的说唱艺术 132
16.1 侗戏课程设计 132
16.1.1 侗戏设计意图 132
16.1.2 侗戏教学目标 132
16.1.3 侗戏教学准备 133
16.2 侗戏教学过程 135
16.2.1 初识侗戏 135
16.2.2 观赏侗戏 136
16.2.3 侗戏的传承与发展 138
16.3 侗戏研学评价 139

第17章 芦笙：侗寨里的"天籁之音" 141
17.1 芦笙课程设计 141
17.1.1 芦笙设计意图 141
17.1.2 芦笙教学目标 142
17.1.3 芦笙教学准备 143
17.2 芦笙教学过程 144
17.2.1 张里村初印象 144
17.2.2 与芦笙相遇 146
17.2.3 张里村的发展之路 148
17.3 芦笙研学评价 150

第18章 大歌：无指挥的合唱团 152
18.1 大歌课程设计 152
18.1.1 大歌设计意图 152
18.1.2 大歌教学目标 152
18.1.3 大歌教学准备 153
18.2 大歌教学过程 155
18.2.1 鉴赏侗族大歌 155
18.2.2 侗族大歌的传承 156
18.2.3 侗族大歌的传承危机 158
18.3 大歌研学评价 159

第19章 多耶：跳出"最炫民族风" 160
19.1 多耶课程设计 160
19.1.1 多耶设计意图 160

  19.1.2 多耶教学目标 ·· 161
  19.1.3 多耶教学准备 ·· 162
 19.2 多耶教学过程 ·· 163
  19.2.1 多耶的奇闻轶事 ·· 163
  19.2.2 多耶的前世今生 ·· 165
  19.2.3 多耶的发展之路 ·· 167
 19.3 多耶研学评价 ·· 168
第20章 剪纸：剪出万物春色 ·· 170
 20.1 剪纸课程设计 ·· 170
  20.1.1 剪纸设计意图 ·· 170
  20.1.2 剪纸教学目标 ·· 170
  20.1.3 剪纸教学准备 ·· 171
 20.2 剪纸教学过程 ·· 172
  20.2.1 欣赏侗族剪纸 ·· 172
  20.2.2 剪纸创作 ·· 173
  20.2.3 侗族剪纸的发展路径 ·· 174
 20.3 剪纸研学评价 ·· 175
主要参考文献 ·· 177

第一部分

衣：侗族史书

第1章 侗锦：会说话的侗文化

1.1 侗锦课程设计

1.1.1 侗锦设计意图

居住在湘、桂、黔三省（区）毗邻地区的约 250 万侗族人民，在长期的生产斗争与社会生活中，广泛传承了许多具有实用价值与欣赏价值的民间工艺品。其中，侗族织锦是侗族众多民间工艺品中的一朵奇葩。

侗锦织造技艺简称侗锦，是国家级非物质文化遗产之一。侗锦织造技艺的起源最早可追溯到距今两千多年的春秋战国时期。从两汉至唐宋时期，侗族先民的纺织技艺已形成自己独特的风格。随着侗民族的形成及其民族传统文化的日趋成熟，明清时期，侗锦织造技艺也得到了极大的发展。2008 年 6 月，侗锦织造技艺被国务院批准列入第二批国家级非物质文化遗产名录。随着历史文化的发展，侗族人民纹在侗锦上的图案和符号，记录了对历史、祖先等的回忆，世代相传。侗锦上的纹样，不仅具有极高的鉴赏性，还蕴含工艺美术价值，同时也是侗族传统文化的活化石。

课程领域：文化、历史、地理

适用年级：中学

建议课时：2 课时

1.1.2 侗锦教学目标

教师实地考察、调研、收集有关适宜开展侗锦研学的资源。以侗锦为切入点，根据可供开发利用的研学资源，进行研学活动设计并编制研学手册，发放至学生，帮助学生了解此次研学的课程安排以及内容结构。以小组为单位，小组长根据研学手册内容结构，安排小组成员调查相应内容并进行资料整合。在实地研学前，引导学生观看介绍侗锦的视频和图片，帮助学生了解相关背景，包括侗锦的发展历史和制作特点，以便顺利开展研学旅行。明确以下研学目标：

1. 人地协调观

认识当地种植侗锦织造原料的适宜性，帮助学生培养人地协调观。

2. 综合思维

（1）通过对侗锦的学习，总结归纳侗锦的纹样特点，并思考侗锦上的图案与当地人民的联系，培养学生全方位思考问题的能力。

（2）结合历史资料，归纳总结侗锦的功能及发展变化，帮助学生综合看待事物。

3. 区域认知

（1）能够认识区域自然环境对皇都村环境格局和侗锦织造原料种植的影响，形成区域认知。

（2）能够从自然环境和人文环境的角度综合分析皇都村的地域文化特点和形成原因，能指出皇都村地域景观与地域文化的联系。

4. 地理实践力

（1）通过与当地村民和工作人员访谈交流，能够为侗锦的未来发展建言献策。培养学生提取和总结信息的能力。

（2）在小组合作中利用各种地理信息技术手段和其他辅助工具，掌握皇都村的地域景观特点，培养学生的实践能力。

1.1.3 侗锦教学准备

1. 确定研学地点

本次研学选取的地点位于湖南省怀化市通道侗族自治县坪坦乡的皇都村。该村是南部侗族聚居区典型的传统村落，由新寨、头寨、尾寨、盘寨4个侗族村寨组成，先后入选了中国传统村落名录、全国文明村镇和湖南省首批风情文化旅游小镇，是湘西南少数民族地区传统村落的典型代表。

2. 核心概念

（1）地域文化。地域文化是指一个地区的人们在生产生活、社会制度组织、精神活动中长期形成并体现的价值观和审美情趣。

（2）纹样。纹样指提花织物上的花纹图案。主要题材分为自然景物和各种几何图形（包括变体文字等）两大类，有写实、写意、变形等表现手法。设计纹样时不仅要题材新颖、艺术上要灵活变化，还要结合织物组织结构特点、织造工艺和织物用途等因素。

（3）历史。历史指对人类社会过去的事件和活动，以及对这些事件的行为有系统的记录、研究和诠释。历史是客观存在的，无论文学家们如何书写历史，历史都以自己的方式存在，不可改变。

（4）地理。地理是研究地球表层空间地理要素或者地理综合体空间分布规律、时间演变过程和区域特征的一门学科，处于自然科学与社会科学的交叉领域，具有综合性、交叉性和区域性的特点。

3. 教学材料

皇都村相关视频及地图、遥感影像图、展板等；各类有关侗锦的图片与科普小视频；皇都村现有教学资源。

教学设备：希沃白板、研学手册、研学评价表。

4. 教学建议

教学重点：农业区位因素的分析。

教学难点：区域发展特点。

5. 活动要求

1）文明纪律

服从安排，准时守约，文明礼貌，注意安全。

2）学习要求

主动探究、认真学习、积极参与，完成相应的研学活动。

3）成果要求

（1）个人成果。

①完成资料整理并提交一份实践报告（包括活动概述、实践收获、创新构想）。

②整理一套研学活动照片集锦。

（2）班级成果。

①发布一篇本次活动的新闻报道。

②汇总并讨论研学调查数据，撰写一份分析报告。

③形成本次活动的材料汇编（包括方案、新闻报道、个人报告、分析报告和照片集锦）。

1.2 侗锦教学过程

1.2.1 侗锦之意

建议用时：40 分钟

教学用具：湖南侗锦博物馆的相关资源

活动流程：

教学环节	教师活动	学生活动	设计意图
情景导入	**案例呈现：** 通道侗锦具有 2000 多年的历史，是中华民族文化的瑰宝。侗锦具有独特的编织工艺、富有民族特色的图案、丰富深刻的文化内涵、亮丽和谐的色彩、高雅凝重的品质和鲜明的民族风格，是我国著名的织锦之一。2010 年 8 月我国首家侗锦博物馆——湖南侗锦博物馆在通道侗族自治县坪坦乡皇都侗文化村建成开馆，这是该县继成立侗锦织艺发展有限责任公司后的又一举措，标志着该县国家级非物质文化遗产保护项目"侗锦"的保护、传承和产业开发利用步入一个崭新的阶段。 图 1.1　湖南侗锦博物馆 **布置任务：** 请同学们以小组为单位，参观游览湖南侗锦博物馆，重点观察侗锦的特点及分类，并在组内分享心得体会	学生思考并讨论规划内容	通过获取资料的过程，锻炼学生沟通交流、收集整合信息的能力
探究新知	**提出问题：** 1. 侗锦有哪几类？分类依据是什么？ 2. 侗锦上主要有哪些图案，这些图案说明了什么？ 3. 侗锦有何作用？主要用于哪些场景？侗锦的起源？ 4. 侗锦经过了哪几个历史发展时期？对应的区域发展有何特点？ **引导思考：** 侗锦上记录了侗族悠久的历史、传说、风俗，这体现了什么	学生思考并回答问题。 学生思考	在参观游览完湖南侗族博物馆后，依据工作人员的讲解以及自身的知识储备积极思考、回答问题，培养学生分析问题和解决问题的能力。 通过分析区域发展的特点，帮助学生形成区域认知

续表

教学环节	教师活动	学生活动	设计意图
课堂小结	侗锦有素锦和彩锦之分。用黑白棉线织成的称为素锦，朴素高雅。用黑白线和彩线交织成花的称为彩锦，奔放秀丽。侗族本身没有文字，侗族人民通过制作侗锦将其民族独有的历史、文化等融入其中。侗锦是解读侗文化的密码。 侗族人常借侗锦表达对长幼的关爱，传递勤劳、朴实的价值观。例如，织娘在儿童背带上绣"蜘蛛纹"，寓意庇佑子孙健康成长，盼望孩子有坚韧不拔的品性；长者辞世时，后辈会将"寿锦"随老人葬入地下，表达对逝者的哀悼与祈福；侗族青年男女定情时，男方赠送精细雕刻的织锦工具为求娶信物，女方则多回赠织绣的荷包、鞋垫、腰带等物件	学生与教师共同归纳总结并查漏补缺	帮助学生构建知识体系，巩固知识
研学评价	完成并提交"研学评价单"		总结研学，积极反思

1.2.2 侗锦之路

建议用时：40 分钟

教学用具：湖南侗锦博物馆

活动流程：

教学环节	教师活动	学生活动	设计意图
情景导入	**案例呈现：** 为充分展示侗锦的历史渊源和发展过程，收藏、研究和传播侗锦文化，提高社会各界保护、传承和开发利用侗锦的意识，2010年8月通道侗族自治县文化局及非物质文化遗产保护中心建成了湖南侗锦博物馆。该馆馆藏侗锦500余件，陈列具有代表性的侗帕、侗帽、侗衣、侗带等各类侗锦实物精品及侗锦织造技艺流程的展示。 图1.2 湖南侗锦博物馆的馆藏侗锦 **布置任务：** 请同学们跟随教师和工作人员，了解侗锦的制作步骤，识别侗锦的纹样	学生思考并讨论相关问题	通过了解侗锦织造技艺，增强学生对我国非遗文化的自豪感。透过侗锦上的纹样，识别提取侗族的历史文化和民族风俗，培养学生的综合思维能力

续表

教学环节	教师活动	学生活动	设计意图
探究新知	**提出问题：** 1. 侗锦的主要原料是什么？以小组为单位分析当地盛产这种原料的自然和人文原因。 2. 侗锦中最常见的颜色是哪种？主要成分是什么？以小组为单位分析当地适合种植这种染料的原因。 3. 侗锦制作分为哪几个步骤？ **引导思考：** 皇都村村民在日常生活中是如何使用侗锦的？在东西方文明交流借鉴的今天，你认为侗锦该如何走出国门，让世界"侗听"？	学生因地制宜，分析在当地以及整个通道侗族自治县种植棉花和蓝靛的区位因素；了解侗锦的制造过程。学生实地走访皇都村，对村民进行访谈调研，了解侗锦在侗族人民生活中的使用范围。立足全球，结合侗锦的产品特点，为侗锦走向世界建言献策	通过分析某植物的区位因素，培养学生的综合思维和人地协调观。小组合作的方式培养了学生的集体意识，有利于集思广益，增强其责任意识。通过实地调研与访谈，帮助学生提高分析问题和解决问题的能力，增强提取信息的能力，培养学生的地理实践力。通过为侗锦的发展献计，提升学生的民族责任感，培养综合思维能力
课堂小结	通道侗族自治县的自然条件十分适合棉花的生长。在每年的谷雨来临之前，各家各户就开始忙于棉花的种植。蓝靛属于侗锦织造传统原材料中的染料，在侗乡，最常见的用于提取蓝靛的植物为马蓝和蓼蓝。侗家人会选择土地肥沃的区域种植，悉心管理，等需要的时候进行采摘，加工成染料。在对侗锦的未来发展进行规划时，要深入挖掘其文化属性，充分利用互联网等新媒体，带动侗锦等众多非物质文化遗产走向世界	学生与教师共同归纳并总结	帮助学生构建知体系，巩固知识
研学评价	完成并提交"研学评价单"		全面评估学生的学习和发展情况

1.3 侗锦研学评价

本次研学评价以过程性评价为主，总结性评价为辅。侗锦作为一项优秀的非物质文化遗产，为了更好地传承与发扬其独特的魅力，要通过研学的方式带给广大学生。结合素质教育的观点，建立对应的评价指标体系，采用"学生自评、互评和师评"的方式，全面地评估学生的学习和发展情况，并促进学生的自我认知和学习能力。

评价方式	评价项	评价内容	自评(30%)	互评(30%)	师评(40%)	研学成绩
过程性评价	政治思想道德(5分/条)	热爱祖国，有坚定的政治立场				
		对侗族文化有较强的文化认同和民族自信				
		诚实守信，尊重侗族的风俗习惯				
	知识学习能力(5分/条)	树立正确的区域认知和人地协调观				
		掌握因地制宜的学习策略				
		能够自主思考分析教师提出的问题				
	创造性思维和实践技能(5分/条)	能够积极思考并提出新颖的观点				
		具备一定的获取和处理信息的方法和手段				
		了解侗锦制作的基本流程				
		掌握实地调研和访谈的步骤				
总结性评价	体能与自我管理能力(5分/条)	身体素质良好，能够较快适应村落环境				
		有毅力和恒心，积极参与研学实践				
		遵守研学纪律，保持良好的生活习惯				
	艺术鉴赏兴趣与能力(5分/条)	研学中积极参与各项非物质文化遗产技艺的体验活动				
		对于皇都村内的各项艺术有自己的理解和感受				
	表达交流能力(5分/条)	能够与小组成员友好交流并合作，具备一定的团队意识				
		积极参与小组讨论，能够大胆分享自身意见，集思广益				
		充分利用文字、图画等各种形式来表达自己的想法				
	成果展示能力(5分/条)	研学报告内容完整、图文并茂				
		能够使用PPT、视频、音频等形式丰富的工具展示研学成果				

第 2 章 蜡染：穿越千年的传承

2.1 蜡染课程设计

2.1.1 蜡染设计意图

我国是蜡染手工艺的发源地之一，史料和考古发现表明，我国的蜡染起源于 2000 多年前的秦汉时期，甚至可能更早。从西周时期（公元前 11 世纪至公元前 771 年）至隋唐、宋时期，蜡染逐渐兴盛。明清时期，蜡染进入了民间化时期，主要产地集中在云南、贵州等地，同时四川、广西、湖南、海南、台湾等地也开始生产蜡染产品。在民国时期，树脂染工艺盛行，《贵州通志》中甚至有"以蜡绘花于布而染之，既去蜡，则花纹如绘"的记载。蜡染作为最古老的手工艺之一，是中华民族古代文明的重要组成部分。

蜡染是我国民间传统的纺织印染手工艺，与扎染、镂空印花并称为我国古代三大印花技艺。蜡染，古称蜡缬，指以蜡质按预想的图形绘制在织物上，形成防染层，避免染液的浸入，呈现一种织物本色的材质纹样，主要有几何图案或花、鸟、虫、鱼等。其结构严谨，线条流畅，装饰趣味很强，具有鲜明的民族风格。基于对服饰美化的需要，在人类文明进步到一定程度后产生，人们在多种染织工艺的基础上发展形成了蜡染，因此其产生时间应在纺织、印色和画馈工艺成熟之后。从原料上看，蜡染对面料无特殊要求，棉、麻、丝、毛织物都能采用；防染材料也不拘于特定品种，动植物蜡均可使用，通常使用树脂和蜂蜡；染色只能用冷染工艺，一般是植物染色，以靛蓝为主。从范围来看，蜡染技术存在于世界上很多地方，风格和使用方式也多种多样。受地理和气候的影响，北方寒冷地区不宜进行蜡染，因此蜡染多分布于热带和亚热带地区，在我国主要分布在贵州、云南、四川、湖南的苗族和布依族地区，其中贵州苗族蜡染最具有代表性。

总之，蜡染有着丰富的美术、审美和文化价值，是古人智慧的结晶，更是中华民族的宝贵财富。它是一种具有浓郁文化意义的艺术形式，代表了中国古代的文化传承，体现了中国的多元文化。今天，我们要更加重视蜡染这项传统手工艺，保护和传承它的文化内涵和历史价值。本课通过蜡染相关知识的学习和实践，让同学们了解蜡染的制作流程及其文化内涵；通过作品展评，培养学生欣赏美和鉴赏美的能力。

课程领域：艺术素养、审美能力、文化传承

适用年级：中学、大学

建议课时：3课时

2.1.2 蜡染教学目标

教师实地考察、调研，搜集与肇兴侗寨蜡染相关的研学资源，以蜡染为主题，进行研学活动设计并编制手册，分发给学生，帮助他们了解此次研学的课程安排和内容结构。小组长按手册内容结构，安排小组成员调查相应内容并进行资料整合。在实地研学前，引导学生观看介绍肇兴侗寨蜡染的视频或图片，帮助他们了解蜡染的历史、文化、工艺等，激发学生热情。明确以下教学目标：

1. 人地协调观

（1）通过了解蜡染手工艺形成的自然原因和人文原因，体会人类利用自然、改造自然的智慧所在，树立人与自然和谐相处的观念。

（2）让学生体验蜡染的制作流程，创作属于自己的蜡染作品。提高学生审美情趣的同时深化对地方的感知，加深地方认同感和依恋感，并为形成大格局的家国情怀和培养正确的人地协调观奠定基础。

2. 综合思维

（1）亲身体验蜡染制作过程，结合所学的物理和化学知识，分析蜡染只能用冷染工艺的原因，培养学生的综合思维素养。

（2）结合现阶段蜡染的发展情况，简单分析蜡染手工艺面临的困境及原因，并提出摆脱困境的办法。

3. 区域认知

（1）能够认识到蜡染手工艺形成受到区域自然环境的影响，从地理角度出发，理解蜡染手工艺的发展。

（2）能够从自然环境的角度综合分析地域文化的成因和特点，指出蜡染手工艺成为文化遗产传承的原因。

4. 地理实践力

（1）通过让学生自主收集蜡染的相关资料、采买棉麻等布料，培养学生获取和处理信息的能力。

（2）通过与非物质文化遗产传承人沟通并学习蜡染相关知识、观察蜡染的制作过程和以小组为单位制作蜡染等方式，提高学生的观察和学习能力，培养学生的动手能力和实验操作能力。

2.1.3 蜡染教学准备

1. 确定研学地点

本次研学选取的地点是肇兴侗寨,其位于贵州省黔东南苗族侗族自治州黎平县东南部。肇兴侗寨是全国最大的侗族村寨之一,也是侗族的民俗文化中心,被誉为"侗乡第一寨"。全寨有仁、义、礼、智、信5个组团,每个组团各建有1座鼓楼。寨中房屋为干栏式吊脚楼,全部用杉木建造,硬山顶覆小青瓦,古朴实用,鳞次栉比,错落有致。寨中保存有大量的侗族特色建筑鼓楼、风雨桥、吊脚楼。肇兴侗寨的侗族文化也保存得非常完好,这里有民族博物馆,保存着大量的资料,侗族的蜡染、靛染、扎染、刺绣、大歌等民族艺术也有较好的传承。

蜡染技艺在肇兴侗寨的旅游发展中发挥了重要作用。蜡染技艺被作为旅游资源得到开发,寨中创办的合作社为游客提供了具有民族特色的靛染与蜡染服饰和手工艺品,还有蜡染技艺的体验服务。这些举措不仅提高了当地居民的收入和蜡染的知名度,对蜡染的传承也起到了积极的影响。这是侗族村寨中蜡染手工艺传承和发展的典型代表。

2. 核心概念

(1) 自然资源。自然资源是指在一定经济技术条件下,从自然环境中获得并能满足人类生产和生活需求的物质和能量,如水、土地、植物、动物、石油、铁矿、稀土等。自然资源主要包括气候资源、生物资源、水资源、土地资源和矿产资源等。

(2) 人地关系。人类和自然环境在人文生态系统中是相互依存、相互制约的两大要素。自然环境为人类提供生存条件,人类活动反过来影响自然,甚至局部改造自然。两者相互依存、相互制约。

(3) 手工艺。手工艺是指以手工劳动进行制作的具有独特艺术风格的工艺美术。

(4) 服务业。服务业是为社会生产和生活服务的产业,可分为商业性服务业和非商业性服务业。商业性服务业包括零售、餐饮、住宿、金融等,主要以营利为目的;非商业性服务业包括教育、公共卫生和社会工作等服务业,不以营利为目的。

(5) 服务业区位因素。大部分商业性服务业的区位主要受市场、交通运输、劳动力、政策法规、集聚效应、历史文化等人文因素影响。非商业性服务业着眼社会福利分配公平,以均衡化为区位选择原则,主要考虑被服务对象的需求与分布。

3. 教学材料

肇兴侗寨蜡染相关视频、板贴、遥感影像图,棉麻等布料,蜡块和蜡烛、染料、染缸、刷子,铅笔、尺子、展板等工具,肇兴侗寨现有教学资源等。

教学设备:白板、研学手册、研学评价表。

4. 教学建议

教学重点：服务业区位因素；旅游资源开发对区域发展的影响；地域文化对区域发展的影响。

教学难点：蜡染的特征；蜡染的制作流程；蜡染传承和发展的途径。

5. 活动要求

1）文明纪律

服从安排，准时守约，文明礼貌，注意安全。

2）学习要求

理解所学的知识，掌握相关技能；通过小组合作，自主探究问题；认真完成学习任务，建立自己的知识体系。

3）成果要求

（1）个人成果。

①完成资料整理并提交一份实践报告（包括活动概述、实践收获、创新构想）。

②整理一套研学活动照片集锦。

（2）班级成果。

①发布一篇本次活动的新闻报道。

②汇总并讨论研学调查数据，撰写一份分析报告。

③形成本次活动的材料汇编（包括方案、新闻报道、个人报告、分析报告和照片集锦）。

2.2 蜡染教学过程

2.2.1 探秘蜡染生境

建议用时：40分钟

教学用具：肇兴侗寨卫星图

活动流程：

教学环节	教师活动	学生活动	设计意图
情景导入	**视频导入：**肇兴侗寨位于贵州省黔东南苗族侗族自治州黎平县。使用动画视频展示用地理软件定位肇兴侗寨的全过程，并将下载好的肇兴侗寨卫星图呈现出来。肇兴侗寨建于山中盆地，一条小河穿寨而过。正隆五年，肇兴先民就开始在此定居。 图 2.1　肇兴侗寨卫星图 **布置任务：**请各位同学使用地理软件定位肇兴侗寨的地理位置，并下载肇兴侗寨卫星图；记录肇兴侗寨的海拔和经纬度信息；描述肇兴侗寨的具体位置；运用村寨中现有的历史资料，进行实地考察；观察、分析侗寨地理环境	学生观察并讨论如何使用地理软件搜索定位肇兴侗寨。学生使用手机中的地理软件，按照观察到的操作流程定位肇兴侗寨并下载对应的卫星图	增强学生运用地理软件获取地理信息的能力。实地考察过程中，锻炼学生沟通交流、收集与整合信息的能力。参观、游览肇兴侗寨，帮助学生更好地理解地理环境对人类生产活动的影响。能够提升学生领略美、欣赏美、创造美的能力
探究新知	**提出问题：** 1. 找出肇兴侗寨的具体地理位置。 2. 肇兴侗寨分布区域的地理环境有什么特点？ 3. 为什么蜡染手工艺会在肇兴侗寨出现？ 4. 为什么蜡染手工艺在肇兴侗寨得到了较好保存？其他地区有没有蜡染手工艺呢？若有，又有怎样的区别与联系？ **引导思考：**地理信息、自然资源、人地协调、区域差异	学生观察分析村寨中的现有历史资料进行小组讨论，尝试回答问题	掌握描述区域位置的方法。观察肇兴侗寨的地质、地貌、植被、土地利用方式等景观要素，绘制示意图及剖面图，分析影响景观形成的主要因素，以及景观要素间的相互关系。结合区域地理环境，分析蜡染在肇兴侗寨保存较好的原因，培养学生的探究思维。通过对比分析不同地区蜡染手工艺的差别，使学生形成区域差异的地理综合思维
课堂小结	受地理环境的限制，生活在肇兴侗寨的居民长期与世隔绝、自给自足，古老的蜡染技艺才得以保存。一起总结将蜡染手工艺保存得较好的肇兴侗寨的环境特征	师生共同归纳总结	帮助学生构建知识树，巩固新知

续表

教学环节	教师活动	学生活动	设计意图
研学评价	完成并提交"研学评价单"		通过研学评价促进教师对教学和研学设计的反思及改进。通过不断总结经验和改进方法，提高研学活动的质量

2.2.2 体验蜡染工艺

建议用时：40 分钟

教学用具：肇兴侗寨蜡染的历史沿革资料、蜡染制作视频资料

活动流程：

教学环节	教师活动	学生活动	设计意图
情景导入	**案例呈现：** 蜡染技艺的起源最早可以追溯到 2000 多年前，这是人们基于对服饰美化的需求，在多种染织工艺基础上发展而来的。蜡染制作工序大致可分为点蜡、上蜡、染色、去蜡 4 个步骤。绘画要素主要有几何图案或花、鸟、虫、鱼等，图案具有鲜明的民族风格。 图 2.2 蜡染图案（后附彩图） **布置任务：** 请各位同学以小组为单位，仔细观察蜡染传承人制作蜡染的过程。按照小组集体意愿，选取合适的蜡染原材料，制作属于自己的蜡染作品。展示自己的蜡染作品并分享心得体会	学生仔细阅读肇兴侗寨蜡染手工艺历史资料。 观察肇兴侗寨蜡染的制作过程	利用资料了解蜡染手工艺的发展历史，有助于学生系统地掌握蜡染的相关知识。 通过观察非遗传承人制作蜡染手工艺的流程，总结分析蜡染的制作流程，有助于学生提高总结概括能力。以小组为单位动手制作蜡染，有助于提升学生的沟通交流能力、小组协作能力和创新能力。通过展示小组作品和分享心得体会，提高学生的表达能力

续表

教学环节	教师活动	学生活动	设计意图
探究新知	提出问题： 1. 蜡染的原理是什么？ 2. 蜡染与扎染有哪些区别？ 3. 利用蜡染可以制作哪些日常生活用品？ 4. 蜡染制作过程主要由哪几个步骤组成？ 5. 蜡染作品有哪些特征？反映了当地怎样的地域文化？ 6. 蜡染体现了怎样的文化背景？ 引导思考： 肇兴侗寨的蜡染，反映了古人的艺术审美和文化意蕴。 引导学生自己设计并制作蜡染手工艺品，深入了解该项手工艺的制作方法	学生实地考察，收集不同种类的蜡染制作原材料，并比较它们在制作和使用中的差异。 学生以棉、麻等作为制作材料，用蜡油在上面进行绘画，并将其浸入染料中上色，最后去蜡，得到自己的蜡染手工艺品。 学生讨论交流后进行成果展示	小组合作的方式能培养学生的集体意识，有利于集思广益。引导学生了解蜡染，在拓宽学生知识面的同时，激励学生发展和传承蜡染技艺
课堂小结	贵州各地区的苗族蜡染存在较大差异：东南部地区的蜡染纹样古老、程式化程度较高，古朴而神秘；西北部地区的蜡染几何纹多、线条精致，图案抽象；而南部的蜡染图案多夸张变形、活泼豪放，充满想象力。 这些手工艺充分体现了人们顺应自然、与自然和谐发展的理念。以肇兴侗寨为例，一起总结蜡染的制作过程	师生共同归纳	帮助学生构建知识树，巩固新知
研学评价	完成并提交"研学评价单"		通过对学生进行研学评价，让学生学会实践和反思、发现自我、欣赏别人，促使学生在原有水平上发展、提高整体素质

2.2.3 探寻蜡染发展

建议用时：40分钟

教学用具：肇兴侗寨发展问题采访视频

活动流程：

教学环节	教师活动	学生活动	设计意图
情景导入	**案例呈现：** 随着时代不断发展，纺织品的品类愈加多样化，而蜡染产品因制作耗时耗力而收益微薄。除此之外，由于其缺乏设计感和实用性，在市场上难以立足。随着旅游业的蓬勃发展，蜡染制品开始被视为独特的旅游纪念品，进入市场。但随之而来的却是粗糙制品的大量涌现，这对传统技艺的有序传承带来了威胁，蜡染手工艺的传承和发展问题亟待解决。 **布置任务：** 请同学们以小组为单位，对肇兴侗寨居民进行访谈与问卷调查，了解蜡染在当地的传承情况。调查蜡染对带动当地就业增收的作用，分析归纳蜡染发展面临的困境与问题。请结合相关资料，展开思考，建言献策，为蜡染设计一份发展方案	学生展开访谈，并形成访谈报告	通过访谈与问卷调查肇兴侗寨居民，学生可以深入了解蜡染在当地的传承情况，包括技艺传承的方式、传承者的情况、传统工艺的变化等。 通过分析地理现象背后的原因和影响，培养学生分析问题和解决问题的能力
探究新知	**提出问题：** 1. 对于肇兴侗寨，蜡染手工艺的旅游开发对当地居民产生了哪些影响？ 2. 肇兴侗寨蜡染发展面临哪些困境与问题？ 3. 如果你是肇兴侗寨蜡染手工艺传承人，你会如何规划其未来的发展？ 4. 针对肇兴侗寨蜡染手工艺的改进和创新，你有什么建议？ **引导思考：** 文化价值：蜡染手工艺有着深厚的历史底蕴和文化价值。它与当地居民的日常生活息息相关，也是地方文化的体现和传承，体现了民族艺术和工艺技巧	学生讨论并回答问题	通过学生实际参与解决蜡染发展传承遇到的问题和发展需求，培养其对民族和国家发展的责任心
课堂小结	我们了解到了蜡染发展面临的问题，以及为了解决这些问题，业内人士提出的方案。同学们也总结出了一些主流观点：要注重提升蜡染产品的设计感和实用性，以更好地迎合市场需求；加强技艺传承的培训计划和监管措施，以确保高质量的蜡染制品能够在市场中占据一席之地；结合新的材料和工艺创新，为蜡染产品注入新的生机，使其更好地适应现代消费者的审美和功能需求等	师生共同归纳并总结	帮助学生构建知识树，巩固新知
研学评价	完成并提交"研学评价单"		研学评价的积极结果可以激发学生对学科知识和实践活动的兴趣。通过认可和鼓励，学生更可能保持积极的学习态度，主动参与学科学习和实践活动

2.3 蜡染研学评价

研学评价是全面、客观、科学地评价学生在研学旅行中的表现，旨在培养学生主动参与、乐于探索和团结协作的能力，提升其综合素养。本次研学活动借鉴素质教育的理念，以过程性评价为主、总结性评价为辅。鼓励学生参与评价过程，包括自评、互评等，促进学生的自我认知和自主发展。评价结果应及时反馈给学生及其家长，以促进学生在后续学习和发展中进行有效调整。

评价方式	评价项	评价内容	自评(30%)	互评(30%)	师评(40%)	研学成绩
过程性评价	品德修养和文明礼仪（5分/条）	遵守社会公德，尊重民族习俗，自觉落实学生行为规范				
		公共场所使用文明用语，不大声喧哗，维护公共秩序				
		爱护公共财物，保护古迹，做文明参观使者				
	学习态度和知识水平（5分/条）	态度认真，准备充分，积极参与课程活动，有成果收获				
		研学过程中完成教师布置的任务的情况和质量				
		积极回答教师提出的问题，展现较高的课外知识水平				
	探究能力和实践技能（5分/条）	敢于尝试，乐于发表自己的见解				
		能在较短时间内学会收集和处理信息的方法和手段				
		能够在自主探究学习中，运用所学知识解决实际问题				
	安全意识和自我管理能力（5分/条）	安全意识强，遇事冷静，不侵犯他人隐私				
		对潜在危险的识别和预防能力，如能识别安全标识、规避潜在风险				
		时间管理能力强，遵守时间节点，不影响活动流程				
		在用餐过程中的自我管理，注意食品安全和饮食习惯				
总结性评价	艺术鉴赏兴趣与能力（5分/条）	对肇兴侗寨蜡染手工艺有浓厚兴趣，积极体验蜡染制作的全过程				
		小组制作出的蜡染手工艺品具有独特的风格和时尚的设计感，融入了小组成员的想法和感受				
	表达交流能力（5分/条）	积极参与小组讨论，分享想法、集思广益、互相激发创意				
		小组成员团结协作，合理分工，乐于分享				
		充分利用文字、绘图或其他方式表达自己的情感				
	成果展示能力（5分/条）	小组报告内容完整、表述准确、图片丰富				
		在小组讨论及分享中，语言表达清晰，有自己的见解				

第3章 侗服：穿在身上的史书

3.1 侗服课程设计

3.1.1 侗服设计意图

我国的56个民族共同创造了源远流长、博大精深的中华文化，其中，服饰是中华文化的重要组成部分。中国传统服饰是中华民族文化的载体，承载和积淀了中华民族传统文化的发展历史。各民族风格各异的服饰反映了其独特的文化传统和风俗习惯。侗族在发展历程中创造了独具民族文化特色和凝聚着民族智慧的传统服饰——侗服。侗服被誉为"穿在身上的史书"。侗族服饰蕴含着侗族人的审美意识、社会风俗、图腾崇拜等民族文化传统。

侗族服饰在2014年被国务院批准列入第四批国家级非物质文化遗产代表性项目名录，具有重要的历史文化、艺术美学、科学研究等价值。侗族服饰兼具美观和实用性，有着独特的艺术表现和制作工艺。侗族男子穿着较为简单，上身多穿对襟长衣，下着长裤；节日盛装时头部缠着紫色侗布头帕，上身穿由黑紫色侗布制成的对襟长衣，下身穿白色长裤。侗族女子服饰丰富多彩，款式多样，上身主要有对襟式、交领左衽式、右衽式长衣，下装有裙装和裤装；盛装时佩戴银冠，加以银花片、银坠铃等装饰。侗族服饰上各式各样的纹样都有着丰富的民族文化内涵，其内容题材多样，如表达祖先崇拜、记录民族历史、象征宗教观念、表达万物有灵等。侗族人崇拜太阳、玄鸟、杉树，体现在服饰上就是太阳纹、鸟图案、树纹等。侗服"凡图必有意，有意必吉祥"，如侗服上常见的太阳纹就反映出侗族人对太阳的崇拜，向太阳祈祷平安吉祥、风调雨顺。侗族传统服饰制作有独特的工艺流程，从原料采集、制纱纺纱、晾晒、缝制印染、捶打晾干、裁剪刺绣，直到最终成衣，每个环节都采用纯手工制作，这是侗族人在生产生活中总结提炼的智慧结晶。

总而言之，侗族服饰作为侗族人代代传承的非物质文化遗产，是侗族特色传统文化的重要载体之一，承载着民族的历史记忆和信仰崇拜。侗族服饰不仅有着丰富多彩的外部形态和艺术美感，还有着深厚的民族文化内涵，是侗族人穿在身上的史书。本课程通过一系列与侗族服饰相关的活动，让学生感受侗服之美、了解侗服制作技艺，增强学生对侗族服饰文化的认同和文化自信，培养学生的文化传承观念和创新实践能力。

课程领域：民族服饰、艺术美学、文化传承

适用年级：中学

建议课时：3课时

3.1.2　侗服教学目标

教师现场考察、探索和收集与侗族服饰研学活动相关的资源和地点。以侗族服饰为研究起点，评估并筛选可用于研学的资源。随后，设计研学活动并制定详细的研学指南，供学生参考，使他们明确研学的课程内容和结构。将学生分成若干小组，小组长根据研学手册的内容结构分配任务，并负责整合小组成员收集到的资料。在实地研学前，组织学生观看关于侗族服饰的视频，让学生了解研学背景，包括侗族服饰的起源和发展历史、制作工艺流程和文化内涵等，激发学生的好奇和探索兴趣。明确以下研学目标：

1. 美学教育

（1）通过观察侗族传统服饰，感受侗服的设计之美、色彩之美，提高学生对民族服饰文化艺术的感知和鉴赏能力。

（2）激发学生对民族手工艺的兴趣，发挥学生的想象力和创造力，培养学生对不同民族文化和历史的美学理解和审美意识。

2. 人地协调观

（1）通过观察和体验侗服实物，理解侗族人民制作服饰的过程与自然地理环境间的关系，感受文化和自然的和谐关系，培养学生对人地关系协调的观察和理解能力。

（2）结合侗族服饰中就地取材和自然的观念，了解侗族人适应自然和改造自然的方式，感受侗族服饰中体现的人地协调关系。

3. 综合思维

（1）归纳总结侗族服饰特征时，综合考虑服饰各个组成要素的特征，以及各要素间的相互联系，全面概括侗族服饰特征。

（2）综合考虑服饰在人地系统中的功能作用，思考服饰如何受到自然和文化的影响，侗族服饰所产生的经济、文化、社会效应。

4. 地理实践力

（1）学生切身体验侗族服饰文化魅力，学习科学文化知识，通过服饰设计活动将所学知识应用于实践。

（2）学生不仅可以增强团队协作能力与沟通技巧，还能提升信息整合与总结能力，培育实践操作技能，激发创新思维和创造力。

3.1.3　侗服教学准备

1. 确定研学地点

贵州省黔东南苗族侗族自治州榕江县位于贵州省东南角，是黔、湘、桂三省（区）交界处，地处云贵高原与广西盆地交界地带。黔东南苗族侗族自治州非物质文化遗产保护中心，拥有"侗族服饰"这一国家级非物质文化遗产代表性项目的保护资格。本次研学地点选取位于贵州省黔东南苗族侗族自治州榕江县栽麻镇的大利村。大利村（侗寨）村域面积9.8平方千米，分为上下两个寨子。截至2023年，该村共有6个村民小组，308

户，1308 人，均为侗族，以杨姓为主。"利洞溪"贯穿上寨和下寨，鼓楼耸立寨中，村寨依山而建、傍水而居，充分体现了侗族人民喜水而居的习性，构成融洽的山地村落景观。大利村以农业为主要支柱产业，兼有林业、养殖业等，旅游服务业在大利村处于萌芽发展阶段。大利村 2012 年被列入第一批中国传统村落名录，拥有多项非物质文化遗产，包括侗族大歌、侗族萨玛节、侗年、侗戏、侗族婚俗等多项国家级和省级非物质文化遗产。除了非物质文化遗产外，大利村还传承有多项技艺，如竹编工艺、染布工艺等都是当地侗民拿手的技艺。

2. 核心概念

（1）民族服饰。民族服饰是指各民族文化中本身独有特色的服饰，承载着丰富的民族生存与发展的历史文化、宗教信仰、风俗习惯、生活方式等文化内涵，是一个民族劳动智慧和文化审美的结晶。

（2）图腾。图腾是一种在许多原始宗教和部落文化中出现的象征，通常是动物、植物或其他自然元素的形象。图腾被视为一种神圣的标志，代表着特定群体的精神信仰、家族传承和身份认同。

（3）手工艺。手工艺是指通过手工制作、传统技艺创造出来的物品，是具有独特艺术风格的工艺美术。此类产品实用、美观，具有艺术性和创新性，能传达文化内涵，是人类创造力和文化传承的产物。

3. 教学材料

侗服相关视频、侗服样本、布料、针线、剪刀、画图纸、画笔、大利村现有教学资源。

教学设备：希沃白板、研学手册、研学评价表。

4. 教学建议

教学重点：侗族服饰特征；侗族服饰制作流程。

教学难点：侗族服饰文化符号的象征意义；侗族服饰设计。

5. 活动要求

1）文明纪律

服从安排，文明礼貌，注意安全。

2）学习要求

主动思考，积极与他人分享观点，及时记录学习内容，团队合作。

3）成果要求

（1）个人成果。

①提交一份实践报告（包括活动概述、实践收获）。

②提交一份侗服设计报告（包括设计简图、设计理念）。

（2）班级成果。

①汇总本次研学活动成果，制作班级设计展板。

②汇总研学活动的所有材料（包括活动照片、实践报告、服饰设计图集）。

3.2 侗服教学过程

3.2.1 侗族服饰初见

建议用时：40分钟

教学用具：侗族传统服饰

活动流程：

教学环节	教师活动	学生活动	设计意图
情景导入	**布置任务：** 以小组为单位，观察侗族村民的服饰穿着，总结侗族服饰的主要特征，试穿侗族传统服饰，记录体验和活动过程	学生观察并试穿侗族传统服饰	提高学生观察事物和总结归纳的能力，通过切身体验激发兴趣，让其深刻感受侗服独特之美
探究新知	**提出问题：** 1. 侗族服饰中有哪些独特的元素？这些元素可能与侗族文化的哪些方面有关？ 2. 民族服饰通常具有文化象征，代表社会地位、身份、宗教等。侗服中的文化象征有哪些？服饰上独特的图案符号有何象征意义？与侗族的图腾崇拜文化有何关系？ 3. 分享侗族服饰穿戴体验，对比侗族男女服饰特征，谈谈你对侗族服饰文化的感受。 4. 结合侗族服饰的质地，考虑到侗族主要分布在山区地带，你认为这些服饰的设计会受到地理环境的影响吗？如何体现在服饰的设计中？ 5. 将侗族服饰与其他民族的传统服饰进行对比，有哪些异同？与地理、气候或文化差异有关吗？ **引导思考：** 民族服饰是民族文化的载体，侗族服饰独特的图纹符号、色彩搭配、形制款式等特征是侗族人图腾崇拜、社会风俗等文化传统的产物。探讨侗族服饰的文化内涵，思考服饰与地理环境、文化传统、身份认同等因素之间的关系	学生分享所观察到的侗族服饰特征和服装试穿感受，讨论并回答问题	引导学生深入思考侗族服饰背后的文化、地理和社会因素，让学生更全面地理解侗族服饰的复杂性和丰富性，培养学生的民族情感和文化自信
课堂小结	在服饰观察和试穿体验活动中，大家已经对侗族服饰有了初步的了解，分析和探讨了相关问题，也学习到侗族服饰文化的相关知识，那让我们一起来总结归纳侗族服饰的主要特征	学生与教师共同总结归纳活动内容	帮助学生巩固新学习到的侗族服饰文化相关知识
研学评价	完成并提交"研学评价单"		对学生的活动参与表现进行综合评价，加强学生的自我认识并鼓励学生间相互学习与交流

3.2.2 侗族服饰制作

建议用时：40 分钟

教学用具：侗族传统服饰

活动流程：

教学环节	教师活动	学生活动	设计意图
情景导入	**布置任务：** 根据之前了解到的侗族服饰制作流程，请同学们以小组为单位，对服饰制作手艺人进行访谈，参与服饰制作的环节，学习相关环节的手工技艺，记录访谈内容和活动过程	访谈服饰制作手艺人，体验侗族服饰制作流程	让学生切身体验服饰制作流程，对侗族服饰这一非物质文化遗产产生新的认识
探究新知	**提出问题：** 1. 侗族传统服饰的制作主要有哪些流程？按照顺序进行说明。 2. 在侗族服饰中，有哪些独特的制作技艺或工艺？这些技艺如何反映当地的文化？可能受到地理和文化因素怎样的影响？ 3. 在设计和制作民族服饰时，选择合适的材料非常重要。侗族人选择了哪些特殊材料？选择这些材料的原因是什么？ 4. 侗族服饰制作流程是否显示出传承和演变的迹象？在现代社会中，穿戴纯手工制作的服饰是否仍然具有特殊的意义？ 5. 现代社会的变化给侗族服饰的传承和保护带来了哪些挑战？如何促进侗族服饰文化的活态传承？ **引导思考：** 侗族服饰中刺绣、蜡染等独特制作技艺反映了侗族文化的丰富和精致，展现了民族特色和历史。随着时代变迁，传统手工技艺受到新技术的影响而产生变化，但其有着特殊的文化传承意义。思考对侗族服饰制作工艺进行保护和活态传承的有效措施	学生分享所收集到的访谈内容和学习到的服饰制作工艺流程，讨论并回答问题	让学生体验到侗族服饰制作的不易，感受劳动生产者的智慧，引发学生对保护与发展侗族文化传统的思考，培养学生的民族文化传承意识
课堂小结	主要学习了侗族服饰制作的工艺流程，对手艺人进行了访谈，体验了服饰制作过程中的重要环节和文化内涵，对侗族服饰文化保护和活态传承问题也展开了思考和讨论	学生与教师共同总结归纳活动内容	帮助学生巩固新学习到的侗族服饰制作流程相关知识
研学评价	完成并提交"研学评价单"		激发学生之间的学习互动

3.2.3 侗族服饰设计

建议用时：40 分钟

教学用具：侗族传统服饰

活动流程：

教学环节	教师活动	学生活动	设计意图
情景导入	**布置任务：** 请同学们利用相关材料以及调查收获，基于侗族服饰文化，自己设计一套侗族服饰，要求保留侗族文化的特征，并说明你的设计理念	学生自主设计一套侗族服饰	了解学生对侗服文化的理解程度，提高学生的动手能力，把知识运用到实际设计中，激发学生的想象力和创造力
探究新知	**提出问题：** 1. 侗族服饰的设计理念和文化元素有哪些？你在设计和制作侗族服饰时会选择哪些元素，为什么？ 2. 如果你身处侗族居住的地理环境，你会从自然风光中汲取什么元素，用于设计服饰的图案或颜色？ 3. 侗族人的生活方式如何影响服饰选择？你的设计是否贴近生活，并满足实际需求？ 4. 侗族文化可能受到邻近民族文化的影响，如何巧妙融入多元文化，使设计更加富有层次感和深度？ 5. 在设计中是否考虑了传统侗族服饰纺织技艺的传承？你有什么创新的设计，使传统技艺更具现代化？ 6. 如何在设计中巧妙融合侗族传统文化元素，使服饰既保留传统特色又具有现代时尚感？如何平衡追求时尚潮流与保持侗族传统服饰的独特性？ 7. 如何在设计中体现现代审美，同时保持个性化？在设计中是否考虑了材料利用的可持续性？ **引导思考：** 为保留侗族服饰的文化特质，应该在把握侗族服饰各要素特征的基础上进行创新设计，加入多元文化和现代设计，以展现文化融合的独特魅力。可以考虑以民族图腾为核心，融入现代审美元素，巧妙融合传统刺绣工艺和现代时尚感，为侗族服饰注入活力	学生通过图画展示分享自己的设计理念和设计成果，讨论并回答问题	让学生在服饰设计实践中深入思考，帮助学生理解侗族服饰背后的文化和设计原理，提升学生的审美意识，培养学生的综合思维和创新思维，提升地理实践力
课堂小结	我们以服饰设计为主，不仅学到了关于侗族服饰设计的知识，还培养了批判性思维和创造性思维。通过深入探讨这些问题，我们更好地理解了文化与设计之间的相互关系，并运用这些理念自主进行服饰设计。现在总结这次服饰设计成果	学生与教师共同总结并归纳服饰设计成果	帮助学生巩固侗族服饰文化相关知识，促进学习成果的创造转化
研学评价	完成并提交"研学评价单"		对活动中学生的参与和表现进行全方位评估，增强学生的自我意识

3.3 侗服研学评价

本次研学课程融合了多个学科的知识和技能，为了更全面地评价学生的学习，采用了多元化、多层次的评价方法。鉴于研学课程的实践性质，主要关注过程性评价，同时也会进行总结性评价。为了全面了解学生的核心能力和成长，设计的评价体系涵盖了7大类、20条具体的评价内容。每条评价内容的满分为5分，总分为100分。评价方法包括学生的自我评价、小组间的互评以及教师的专业评价。三者的权重分别为30%、20%和50%。最终，将按照这一公式计算出学生的研学成绩。

评价方式	评价项	评价内容	自评(30%)	互评(20%)	师评(50%)	研学成绩
过程性评价	思想纪律（5分/条）	乐于助人，具备团队合作意识				
		听从组织安排，准时守约				
		尊重当地风俗，注意礼貌文明				
		具备安全意识，重视安全问题				
	信息收集（5分/条）	提前收集相关资料，制定计划				
		调研观察仔细，收集有用信息				
		归纳总结信息，分析关键问题				
	知识学习（5分/条）	掌握相关知识概念，理解课程内容				
		积极回答问题，提出独到见解				
		基本掌握侗族服饰制作流程				
		表现出对学习的持久兴趣				
	实践表现（5分/条）	态度端正，积极参与实践活动				
		将理论知识运用于实践				
		提升自我的审美意识和实践能力				
	创新设计（5分/条）	服饰设计思路清晰，理念新颖				
		传统元素与现代元素结合创新				
总结性评价	交流讨论（5分/条）	积极参与小组讨论，分享想法				
		良好的团队合作和互动交流				
	成果展示（5分/条）	实践报告内容完整、图文并茂				
		成果展示方式多样				

第4章 银饰：珍品是怎样炼成的

4.1 银饰课程设计

4.1.1 银饰设计意图

银饰是一种历史悠久、文化内涵丰富的工艺塑型艺术。颜色洁白的银制品象征着纯洁美好、完美无瑕，有着吉祥祈福的寓意。银饰主要用于装饰，为许多民族所青睐。银饰的制作要经过复杂精细的工艺才能完成，蕴含着银匠们的辛勤劳动和智慧，每一件独具匠心的银饰都是当之无愧的珍品。西南地区的侗、苗、瑶等民族的银饰制作有着悠久的历史，其银饰种类繁多，符号意义丰富，文化功能多样，是民族文化的综合性载体。

侗族人在民族发展历史中创造出了独特的银饰文化。银饰主要由妇女和儿童佩戴，侗族妇女在盛大节日时，会佩戴各种银饰（银花冠、耳环、银项圈、银链、手镯等）盛装出席。侗族银饰制作依托传统手工艺技能，通过代代相传的方式，保留了丰富的文化内涵和独特的制作工艺。侗族银饰所采用的材料并非纯银，而是一种含银量约50%的合金，使其在保持光泽的同时具备一定的抗氧化性，保证了银饰的长久保存。侗族银饰锻造工艺步骤包括吹烧熔银、锻打成形、镶嵌纹理、擦洗抛光等。制作侗族银饰锻造工艺要求极高，手工技艺独特而精湛。银饰常常经过精雕细琢，体现出工匠们对细节的极致追求。侗族银饰的设计风格多样，涵盖各种形状和图案，包括但不限于花草、动物、几何图案等。在侗族文化中，银代表月亮，象征勤俭质朴、纯洁温婉。侗族银饰在设计上融入了丰富的文化符号，反映了侗族人的信仰、生活习惯和社会地位，被视为社会身份和财富地位的象征，不同类型的银饰可能代表着个体的年龄、婚姻状况、族群归属等重要信息。不同侗族地区的银饰也表现出地域特色，在当地自然环境、气候和文化传统的影响下，呈现出各具特色的地域性设计和风格。部分侗族银饰与宗教信仰相关，常被用于宗教仪式和祭祀活动，是侗族人的信仰文化符号。

总而言之，银饰是侗族手工匠人打造的宝贵珍品，是侗族文化的重要载体之一，有着非凡的艺术价值、历史文化价值和科学研究价值等。本课程通过一系列与侗族银饰相关的活动，让学生了解银饰文化，学习银饰制作技艺，自主设计银饰品，增进学生对侗族文化的认知和理解，培养学生的创造性思维和实践动手能力。

课程领域：银饰品、手工技艺、文化传承

适用年级：中学

建议课时：3课时

4.1.2 银饰教学目标

教师进行实地考察和调研,目的是收集与侗族银饰相关的研学资源和适宜的研学地点。以银饰为主题,评估可开发的研学资源,并据此设计和制定研学手册,以供学生参考,使他们能够清晰地了解此次研学的课程内容和安排。

将学生分成不同的小组,每个小组由一名小组长带领。小组长根据研学手册内容,分配任务并整合各组员所收集的信息和资料。这样的团队合作模式有助于确保研学活动的顺利进行和学生能力的全面提升。

在实地研学前,组织学生观看关于侗族银饰制作的纪录片,帮助学生了解研学背景,激发学生的好奇心和学习兴趣,让学生对侗族银饰的经济、社会、文化背景有基本了解。明确以下研学目标:

1. 美学教育

(1) 对各种侗族银饰品进行观察记录,结合侗族银饰文化背景,感受侗族银饰的设计之美,提高学生对民族手工艺的感知和鉴赏能力。

(2) 激发学生对民族手工艺的兴趣,发挥学生的想象力和创造力,开阔地理学视野,培养学生对不同民族文化产品的美学理解和审美意识。

2. 辩证思维

辩证看待文化与自然的关系,理解侗族人在适应自然和改造自然过程中的取舍。

3. 创新思维

(1) 通过实地考察和手工制作,鼓励学生在设计中发挥创造性思维,将所学的文化和地理知识转化为独特的银饰设计。

(2) 对银饰制作工艺进行思考总结,在传统技艺的基础上结合现代工艺进行再创新。

4. 地理实践力

(1) 在实地考察和手工制作中培养学生对文化现象的观察和分析能力,同时通过创造性设计实践,将地理信息应用到实际中。

(2) 通过与他人的合作交流,参与各类实际操作,有助于学生发展沟通技巧、团队协作能力、信息整合与概括的技能,同时也能增强其实践能力和创造性思维。

4.1.3 银饰教学准备

1. 确定研学地点

本次研学地点位于湖南省怀化市新晃侗族自治县贡溪镇的天井寨村。该村地处湘黔交界处顶天山北侧,因寨内的山泉水井"天井"而得名,村域面积4.9平方千米。截至2023年,该村户籍人口1297人。天井寨是纯侗族地区,极富侗族特色的吊脚木楼、鼓楼、戏台、风雨桥屹立寨中,古色古香。侗族文化、傩文化在村中源远流长,彰显着古老农耕文明的神秘遗风。该村是国家级非物质文化遗产侗族傩戏"咚咚推"的发源地,傩戏历经600多年的传承,从未间断。2013年,该村入选"湖南省历史文化名村",2014年入选首批"中国少数民族特色村寨",2016年被列入第四批"中国传统村落名录",2017年荣获"最美少数民族特色村镇"。

2. 核心概念

(1) 银饰品。银饰品是由纯银或含银量较高的合金制成的装饰品,包括但不限于项链、手镯、戒指等。银饰品常常具有独特的设计和工艺,广泛应用于珠宝、服装配饰中。

(2) 传统手工艺。传统手工艺是指代代相传、依托手工技艺、在特定文化背景下形成并传承的艺术和工艺。这种艺术形式通常承载着特定社群的文化、历史和价值观念,其制作过程常依赖手工技能,强调手工艺人的经验传承。

(3) 文化标志。文化标志是一种在特定社会或群体中具有共同意义的符号、物品或行为,能够代表和传达该社会或群体的特定文化特征和价值观。文化标志常常被作为人们认同和表达文化身份的符号。

(4) 文化多样性。文化多样性指的是世界上存在着丰富多彩、独特的文化表达和实践,包括语言、宗教、风俗习惯、艺术形式等。这种多样性反映了不同社群在历史、地理和社会背景下的独特发展和演变。

3. 教学材料

侗族银饰相关视频、银饰样本、画图纸、画笔、天井寨村现有教学资源。

教学设备:希沃白板、研学手册、研学评价表。

4. 教学建议

教学重点:侗族银饰制作工艺流程;银饰的创意设计与制作。

教学难点:侗族银饰的文化象征和民俗寓意;银饰制作技艺学习。

5. 活动要求

1) 文明纪律

服从安排,文明礼貌,注意安全。

2) 学习要求

主动思考,积极讨论,团队合作探讨,恪尽职守,认真完成活动任务。

3) 成果要求

(1) 个人成果。

①提交一份实践报告(包括活动概述、实践收获)。

②提交一份银饰设计报告(包括设计简图、设计理念)。

(2) 班级成果。

①汇总本次研学活动成果,制作班级银饰设计展板。

②编制本次研学活动的所有材料(包括设计成果、实践分析报告、活动照片集)。

4.2 银饰教学过程

4.2.1 侗族银饰初探

建议用时：40 分钟

教学用具：侗族银饰

活动流程：

教学环节	教师活动	学生活动	设计意图
情景导入	**布置任务：** 请同学们以小组为单位，观察侗族银饰的主要形态特征，对村民进行访谈，收集他们对银饰文化的解读，记录自己的访谈结果和活动过程	学生对侗族村民进行访谈	锻炼学生观察事物和沟通交流的能力，加深学生对侗族银饰文化的理解
探究新知	**提出问题：** 1. 通过对侗族银饰的观察和所收集到的信息，有哪些图案或形状引起了你的注意？这些特殊元素的设计在侗族文化中有何象征意义？ 2. 侗族银饰在社会生活中的使用场景有哪些？银饰在侗族节庆盛会中扮演了怎样的角色？银饰在侗族人的日常生活中扮演着什么样的角色？思考银饰与侗族人生活习惯、节庆仪式之间的关系。 3. 在侗族社会中，银饰有象征佩戴者身份的功能。你能说出不同类型的银饰代表的社会身份吗？萨玛节侗族人所佩戴的银饰与祭祀仪式有什么关联？ 4. 通过访谈侗族村民，你了解到他们对于银饰文化传承的看法和认同程度如何？他们是否感受到传统手工艺在当代社会中的挑战和机遇？ 5. 银饰在侗族传统中扮演着重要的角色，在现代社会中银饰的地位和意义发生了什么变化？你认为侗族银饰在未来可能会怎样发展？ **引导思考：** 在探讨银饰背后的侗族文化时，可从使用场景、社会习俗、故事传说、祭祀传统、身份象征等角度引导学生思考银饰的文化象征意义，关注银饰的文化传承功能	学生分享访谈的结果，讨论并回答相关问题	引导学生分享他们的观察、访谈结果和思考，让学生更深入了解银饰在侗族社会中的多重意义，促使学生对银饰这一文化元素进行深入思考，培养学生的民族认知和综合思维
课堂小结	本节课主要与同学们探讨了侗族银饰文化的相关知识。银饰作为一种装饰品，在侗族社会中有着重要的意义，是侗族文化的载体之一。现在大家对不同种类的侗族银饰的文化内核有了初步了解，那我们一起再来回顾一下	学生与教师共同总结归纳活动内容	帮助学生巩固新学习到的侗族银饰文化相关知识
研学评价	完成并提交"研学评价单"		综合审视学生的参与活跃度和表现，旨在增进他们的自我了解和互相交流学习的程度

4.2.2 银饰制作学习

建议用时：40 分钟

教学用具：侗族银饰

活动流程：

教学环节	教师活动	学生活动	设计意图
情景导入	**布置任务：** 以小组为单位，观察银饰作坊中银匠手艺人制作银饰的过程并记录细节，学习相关环节的手工技艺并尝试进行银饰制作，记录活动过程与收获	学生参与侗族银饰制作过程	锻炼手工实践能力，在参与式学习中收获侗族银饰制作的相关知识，感受这种手工艺品的精美
探究新知	**提出问题：** 1. 侗族银饰制作有哪些特别的工艺技术或制作步骤？请分享观察到的细节。从制作到最终成品，其中最关键的步骤是什么？ 2. 银饰制作是否对侗族村落的经济产生了影响？你认为这种手工艺品对社会经济的影响是正面的还是负面的？ 3. 在学习制作侗族银饰的过程中，你觉得其中最具挑战性的部分是什么？你能否详细描述其中几个关键步骤？哪一个步骤最需要耐心和技巧？ 4. 传统的银饰制作工艺在侗族文化中扮演着重要的角色。保持传统工艺的价值是什么？这些工艺是如何在族内传承的？是否存在师徒传承或其他方式？ 5. 在侗族银饰制作技艺传承中，传统手工艺和创新设计哪一个更为重要？考虑到侗族银饰制作工艺的特点，未来的银饰设计可能会有怎样的变化或创新？你有何创新点，使传统工艺与现代审美巧妙融合？ **引导思考：** 侗族银饰制作技艺是非常复杂精细的手工技艺，十分考验银匠的经验和手艺。这些制作流程将侗族文化展现在种类繁多的银饰品中。其中的传统手艺和文化内核都需要被保护和传承，可从经济、文化、社会、创新等角度思考	学生分享学习的银饰制作细节，讨论并回答相关问题	引导学生在学习侗族银饰制作的过程中深入思考，探讨侗族银饰与社会文化、手工技艺传承与创新设计等方面的问题，培养学生全面、辩证地思考问题的能力
课堂小结	大家学习并参与了侗族银饰的制作，同学们也分享了银饰制作的关键步骤和细节，对传统手工艺传承和现代创新设计进行了探讨，现在我们一起来总结	学生与教师共同总结归纳活动内容	帮助学生巩固新学习到的侗族银饰制作工艺相关知识
研学评价	完成并提交"研学评价单"		对学生的投入和表现进行深入评价，使其更深入地认识自我并促进互相学习

4.2.3 侗族银饰设计

建议用时：40 分钟

教学用具：侗族银饰

活动流程：

教学环节	教师活动	学生活动	设计意图
情景导入	**布置任务：** 请根据所学的侗族银饰文化和制作工艺相关知识，融合侗族文化元素，自行设计银制小饰品，并说明设计理念	学生自主设计银饰	检验学生对侗族银饰文化的理解和掌握程度以及知识运用能力，提高学生的实践操作能力
探究新知	**提出问题：** 1. 侗族银饰中有许多侗族特色的文化元素，这些元素在侗族社会中有何特殊的文化寓意？你是如何选择、设计并体现其文化的？ 2. 你的设计是否考虑到银饰的功能性？如装饰属性、象征穿戴者社会身份、实用功能等。如何通过你的设计传达这些信息？ 3. 如何在传统手工技艺的基础上，引入现代元素进行创新设计，使银饰既保留传统特色又符合现代审美？如何在设计中平衡侗族传统文化与现代审美追求？有何挑战和解决方法？ 4. 在设计中是否考虑到侗族银饰传统技艺的传承与创新？对于传统的制作流程你有何创新的设计，使传统手工技艺与现代工艺更好融合？ **引导思考：** 在设计中如何平衡且更好地融合传统文化元素和现代元素是关键点。既保留民族特色，又能吸引大众，让侗族银饰文化更好地传播，促进侗族银饰制作工艺的保护和传承，让银饰这一塑形艺术在现代社会焕发新的魅力	学生分享自己的设计理念和设计成果，讨论并回答问题	让学生通过银饰设计深入思考银饰与侗族文化、社会风俗、现代元素之间的关系，激发学生的想象力和创造力，培养学生的创新思维和地理实践力
课堂小结	在这节课中，大家自己设计了银制小饰品，也都分享了自己的设计理念，讨论了如何融合民族特色传统文化和现代元素等问题。下面我们一起总结这节课的收获	学生与教师共同总结归纳银饰设计成果	巩固侗族银饰文化知识，促进学习成果的实践转化
研学评价	完成并提交"研学评价单"		对学生的参与度和实践表现进行全方位的考核评估，了解其收获和学习成果

4.3 银饰研学评价

这次的研学课程跨越了多个学科领域，涉及广泛的知识技能。为了确保评价的公正性和全面性，从多方面、多层次进行评价。鉴于本课程的实践性质，将主要采用过程性评价，辅以总结性评价。目标是对学生的核心能力和素养进行全方位的评估，以此了解学生的学习收获和最终成果。这种评价方式不仅能够帮助学生自我提高，还能促进学生之间的互动学习。为此，构建了一套相应的评价指标体系，共计 7 项 20 条具体评价内容，每条赋值 5 分，共计 100 分，采取学生自评、小组互评和教师评价相结合并赋予权重的方式，计算出研学成绩（自我评价×30%+小组评价×20%+教师评价×50%）。

评价方式	评价项	评价内容	自评(30%)	互评(20%)	师评(50%)	研学成绩
过程性评价	思想纪律(5分/条)	乐于助人，具备团队合作意识				
		听从组织安排，准时守约				
		尊重当地风俗，注意礼貌文明				
		具备安全意识，重视安全问题				
	信息收集(5分/条)	提前收集相关资料，制定计划				
		调研观察仔细，收集有用信息				
		归纳总结信息，分析关键问题				
	知识学习(5分/条)	掌握相关知识概念，理解课程内容				
		积极回答问题，提出独到见解				
		基本掌握侗族银饰工艺流程				
		表现出对学习的持久兴趣				
	实践表现(5分/条)	态度端正，积极参与实践活动				
		将理论知识运用于实践				
		敢于动手操作，实践能力强				
	创新设计(5分/条)	传统元素与现代元素结合创新				
		银饰设计思路清晰，理念新颖				
总结性评价	交流讨论(5分/条)	良好的团队合作和互动交流				
		积极参与小组讨论，分享想法				
	成果展示(5分/条)	实践报告内容完整、图文并茂				
		成果展示方式多样				

第二部分

食：侗族珍馐

第5章 侗年：家家户户齐"过冬"

5.1 侗年课程设计

5.1.1 侗年设计意图

侗族是中华民族中的一个具有悠久历史的民族。明清以来，侗族被称"僚人""侗僚""峒人""峒苗"，或泛称"苗"或"夷人"，民国时期称为"侗家"，新中国成立以后称为"侗族"，主要分布在贵州省、湖南省、湖北省和广西壮族自治区。根据历史文献记载和考古发现，侗族的历史可以追溯到古代百越，有着数千年的文化传承。在长期的历史发展过程中，侗族形成了自己独特的语言、文化和传统，是中国少数民族文化的重要组成部分。

侗年在侗语中称为"占冬"（即吃冬，过冬节之意），民间常称为"冬节"，是侗家人追怀祖先历史的传统文化表现形式，表达侗族人民避难消灾、祈求平安、向往幸福生活的美好愿望。侗年在每年的农历冬至前后，即每年的农历十一月初一，时间长短由寨子商定。侗年是侗族文化大展示的节日，主要分布在榕江西北片区的乐里七十二寨、寨嵩四十八寨等侗族地区。"斗莎"是侗年的仪式之一，除了祭祀祖先外，还是老人们传承民族优秀传统文化的一种形式。无论是小孩、成人，还是青年人新婚伊始，老人们都要通过"斗莎"，教育下一代为人处世、明辨是非、尊老爱幼等。2011年，侗年经国务院批准列入第三批国家级非物质文化遗产名录。

总之，侗年作为侗家人的传统节日，承载着侗族历史文化的许多信息，既是侗族群众与亲人团聚、庆贺丰收的节日，又是侗族文化展示的重要窗口。它体现了文化自信、文化保护与传承、人地协调等多重意义。本课程通过参加与侗年相关的活动，让学生了解侗族历史、文化、艺术和民俗，提高学生的文化素养，锻炼学生多角度思考问题的能力，培养学生的沟通协调和综合思维能力。

课程领域：文化传承、地域文化、地理环境

适用年级：中学

建议课时：3课时

5.1.2 侗年教学目标

教师要充分了解研学目的地的背景和情况，根据学生的年龄、兴趣、知识水平等情况制定适合学生的研学主题和目标。准备必要的工具和资料,以侗年为切入点编制研学手册,发放至学生,为学生提供研究性学习活动的结构图和指导。以小组为单位,小组长根据研学手册内容结构,安排小组成员调查相应内容并进行资料整合。在实地研学前,引导学生观看介绍侗年庆祝活动的视频,帮助学生了解研学点的背景,包括侗年的历史发展和文化背景、侗族的生活习惯、侗年庆祝活动、侗年对于侗族人民的重要意义,激发学生的热情和好奇心。明确以下研学目标:

1. 人地协调观

(1) 通过了解侗年的历史文化,参与侗年相关活动,体会地理环境和人类活动之间相互影响的关系,树立人与自然和谐共生的观念。

(2) 简要分析肇兴侗寨的饮食、服饰、建筑文化特点,阐述人类活动和地理环境的关系,理解人地协调发展的重要性。

2. 综合思维

(1) 通过实地考察和亲身体验侗年相关活动,思考地理现象形成背后各个要素的相互关系。在拓宽知识面的同时,培养思维的深度和广度。

(2) 通过小组分工调查,探究侗年的价值,从环境保护、交通等多个地理角度为侗年的推广提出综合性解决方案。

3. 区域认知

(1) 能从区域的角度出发,认识到区域地理环境(包括自然、人文环境)对当地风俗习惯、文化传统、建筑选材等方面的影响。

(2) 能够从地理角度分析地域文化的特点及形成原因,能指出侗年庆祝活动和当地风俗习惯对地域文化的反映。

4. 地理实践力

(1) 通过对寨民和旅游者的采访沟通、获取信息资料、参与侗年相关活动等过程,培养学生的交往沟通、信息收集、动手操作能力。

(2) 进行小组分工,运用地理信息技术和其他地理工具实施社会调查,探讨侗年相关活动的开展为肇兴侗寨发展带来的影响。

5.1.3 侗年教学准备

1. 确定研学地点

黔东南苗族侗族自治州黎平县,位于贵州省东南部,黔东南州南部,东毗湖南省怀化市靖州苗族侗族自治县、通道侗族自治县,南邻广西壮族自治区柳州市三江侗族自治县,西连黔东南州榕江县、从江县,北接黔东南州锦屏县、剑河县,是贵州东进两湖、南下两广的"桥头堡"。黎平县是黔东南苗族侗族自治州面积最大、人口第二多的县,总人口57.76万人，其中侗族人口约占全县总人口的71%，是中国侗族人口最多的县，也是侗族文化的主要发祥地，素有"侗乡之窗""曙光之城"等美称。

本次研学选取的地点是贵州省黔东南苗族侗族自治州黎平县东南部的肇兴侗寨，占地18万平方米，是全国最大的侗族村寨之一，素有"侗乡第一寨"之美誉。截至2012年，肇兴侗寨有1100余户住户，6000多人。肇兴侗寨建于山中盆地，四面环山，寨中房屋为干栏式吊脚楼，鳞次栉比。肇兴不仅是鼓楼之乡，还是歌舞之乡，寨上有侗歌队、侗戏班。肇兴侗寨获得了"鼓楼文化艺术之乡""十佳特色旅游城镇景区""最具价值文化（遗产）旅游目的地""中国最美的六大乡村古镇"等荣誉。

2. 核心概念

（1）地理环境是指一定社会成员所处的地理位置以及与此相联系的各种自然条件的总和，主要包括自然地理环境和人文地理环境。

（2）地域文化一般是指特定区域独具特色，传承至今仍发挥作用的文化传统，是特定区域的生态、民俗、传统、习惯等文明的表现。

（3）饮食是物质文化和社会风俗各部分中最能反映民族和地区特色的组成部分之一。

（4）服饰是装饰人体的物品的总称，是人类文明的标志，又是人类生活的要素。它除了满足人们的物质生活需要外，还代表一定时期的文化。

3. 教学材料

肇兴侗寨相关视频、交通图、板贴、展板、肇兴侗寨现有实践活动教学资源。

教学设备：希沃白板、研学手册、研学评价表。

4. 教学建议

教学重点：地域文化的特征；地理环境对人类活动的影响；人类对地理环境的利用。

教学难点：地域文化对区域的影响；地理环境与人类活动的关系。

5. 活动要求

1）文明纪律

服从安排，文明礼貌，准时守约，注意安全。

2）学习要求

端正态度，积极思考，合作交流，在实践中学习。

3）成果要求

（1）个人成果。

①认真整理研学资料并提交一份报告（包括研学活动实践内容、资料获取概述、个人收获与反思）。

②整理一套研学活动照片集锦。

③提出个人创新构想，写一份侗年推广方案。

（2）班级成果。

①发布一篇本次活动的推文。

②汇总并讨论研学调查数据，撰写一份分析报告。

③将此次研学活动的材料进行汇总（包括个人报告、活动照片集锦、推广方案、推文、分析报告）。

5.2 侗年教学过程

5.2.1 初识侗年

建议用时：40分钟

教学用具：肇兴侗寨侗年庆祝活动

活动流程：

教学环节	教师活动	学生活动	设计意图
情景导入	**案例呈现：** 侗族主要聚居于我国西南地区东部，主要从事农业，种植水稻已经有悠久的历史。侗族聚居区属于亚热带季风湿润区，受山高谷深影响，各个地方的气候差别极大。该地区自然资源很丰富。侗族是一个有着悠久历史和独特文化的民族，侗年庆祝活动是侗族文化的重要组成部分。 图 5.1　肇兴侗寨侗年庆祝活动场景（后附彩图） **布置任务：** 请同学们以小组为单位，参观肇兴侗寨，并重点观察侗年庆祝活动的特点，分享自己的心得体会	学生思考并讨论侗年相关内容	通过获取资料的过程，学生能够锻炼自主学习、搜集和管理信息的能力

续表

教学环节	教师活动	学生活动	设计意图
探究新知	提出问题： 1. 侗年的庆祝时间和地点是如何安排的？受到哪些因素的影响？ 2. 侗年的主要庆祝活动和仪式有哪些？ 3. 侗年的庆祝方式反映了侗族的哪些传统文化和价值观？ 4. 侗年的庆祝活动与当地自然环境和社区生活如何相互影响？ 5. 当地的风俗习惯（如服饰、饮食、建筑等）有什么特点？这些风俗习惯是如何体现人类适应和利用地理环境的？ 6. 侗年的庆祝活动会对当地自然环境造成影响吗？自然环境因素又是怎么影响活动的规模、形式和内容的？ 7. 当地有哪些交通方式？交通状况会影响侗年庆祝活动的开展吗？ 引导思考： 自然环境、文化传统、民俗崇拜	学生回答侗年庆祝活动的特点以及影响因素	参观、游览肇兴侗寨侗年庆祝活动能让学生领略到民族文化魅力，帮助学生形成欣赏美、创造美的眼光和意识，增强对多元文化的认识和尊重
课堂小结	侗年源于祖先信仰，是侗族祖先在农耕祭祀活动中逐渐形成的节日。庆祝活动通常在农历十一月到十二月举行，具体日期根据各地的传统和节气有所不同。侗年庆祝活动如拦门迎宾、吹芦笙、踩堂舞、唱侗戏等增强了侗族社区的凝聚力和认同感。此外，侗族人民还会以各种方式祭祖祈福，如烧香、焚纸、摆放祭品等，非常注重祖先信仰。建筑以木结构为主，饮食以大米为主要食物，服饰色彩鲜艳，有许多与图腾崇拜有关的纹样，反映了侗族人民对自然的敬畏之情。我们一起来总结初识侗年的印象	学生与教师共同归纳并总结	帮助学生构建知识树，巩固新知
研学评价	完成并提交"研学评价单"		从多角度、多方面展示学生的实践成果，全面地评估学生的研学效果

5.2.2 侗年庆祝活动的地理背景

建议用时：40 分钟

教学用具：打糍粑活动

活动流程：

教学环节	教师活动	学生活动	设计意图
情景导入	**案例呈现：** 打糍粑是一项非常受欢迎的传统文化活动，是侗族过侗年必做的一件事。糍粑寓意五谷丰登，象征吉祥如意。制作糍粑的过程是，在特制的木槽里，用木槌反复捶打米饭，直到米饭被打成黏糊状。打好的第一份糍粑会供在场的人一起品尝，代表共庆丰收。 总之，侗年的打糍粑活动不仅是一种传统习俗，更是一种文化表现形式，代表侗族人民的团结、友好和幸福。 图5.2 肇兴侗寨打糍粑场景（后附彩图） **布置任务：** 请同学们以小组为单位，参与打糍粑活动，并观察工序和用材，思考打糍粑活动展现了人类与环境之间的哪些关系，分享自己的心得体会	学生通过参与观察，思考、讨论打糍粑展现了人类和环境之间的哪些关系	参与打糍粑活动及观察工序和用材能帮助学生从地理角度认识侗年庆祝活动与地理环境的关系，培养学生的区域认知和人地协调观
探究新知	**提出问题：** 1. 打糍粑有哪些工序？为什么要开展这个活动？ 2. 糍粑的主要用材是什么？和当地的地理环境有什么关系？ 3. 肇兴侗寨打糍粑活动的场地在哪？活动选址受到哪些因素的影响？ 4. 打糍粑活动有什么特点？反映了当地怎样的地域文化？ 5. 打糍粑活动对于侗族人民有什么样的意义？其形成的文化背景是什么？ 6. 思考并探讨如何通过打糍粑活动将当地传统文化和风俗传播给游客，促进文化传承？ **引导思考：** 自然环境、农业文化、社区关系	学生通过实地考察和亲身参与，思考地理现象形成的背景和意义。学生讨论交流后进行成果展示	小组合作的方式有利于提高学生的团队精神和沟通协调能力。亲身参与活动能提高学生的地理实践能力

续表

教学环节	教师活动	学生活动	设计意图
课堂小结	1. 打糍粑与当地的自然环境和农业文化紧密相关。侗族人民居住地的地理条件适宜种植糯米等作物，而糯米是糍粑的主要原料。在农闲时节，侗族人民会举行打糍粑活动以庆祝丰收，也是为了储备粮食以应对冬季的严寒。打糍粑这一活动体现了人类对环境的适应和利用，也体现了环境对人类活动的影响。 2. 打糍粑活动通常需要多人合作完成，包括浸泡糯米、蒸煮、搅拌和捶打等环节，这种合作增强了社区居民的凝聚力和认同感。 3. 在这个过程中，人们会利用现有的资源进行加工制作，避免浪费，这都体现了人类对环境的保护和传承。我们一起来总结打糍粑活动的地理背景	学生与教师共同归纳并总结	帮助学生构建知识树，巩固新知
研学评价	完成并提交"研学评价单"		从多角度、多方面展示学生的实践成果，全面地评估学生的研学效果

5.2.3 侗年的价值

建议用时：40 分钟

教学用具：肇兴侗寨侗年活动

活动流程：

教学环节	教师活动	学生活动	设计意图
情景导入	**案例呈现：** 侗年是侗族人民最重要的传统节日。它不仅承载着侗族人民的历史、文化和传统，还体现了侗族人民的智慧和豁达胸怀。 侗年庆祝活动的开展对于经济发展、传承和弘扬侗族文化等方面都具有非常重要的作用。 **布置任务：** 请同学们以小组为单位，访谈肇兴侗寨寨民以及旅游者，并详细记录访谈过程，访谈后整理相关资料	学生展开访谈，及时记录，并形成访谈报告	增强学生的民族自信心和文化认同，引导学生尊重文化多样性，激发他们对侗族文化的兴趣

续表

教学环节	教师活动	学生活动	设计意图
探究新知	提出问题： 1. 侗年的历史由来有哪些？ 2. 侗年对于侗族人民有什么意义？ 3. 旅游者来肇兴侗寨旅游的动机是什么？ 4. 侗年庆祝活动给旅游者留下了什么印象？他们愿意推荐此处的活动给其他人吗？ 5. 旅游开发会对侗年产生影响吗？给当地人民又带来了哪些影响？ 6. 侗年是如何实现文化传承和延续的？ 7. 如果你是肇兴侗寨规划的决策者，你会如何推广侗年，以促进肇兴侗寨的发展？ 引导思考： 1. 保护和传承价值。侗年是国家级非物质文化遗产。作为侗族的重要传统节日，侗年是侗族人民表达地理认同的重要方式，通过家族传承、社区传承、文艺表演、旅游开发、传统工艺展示等多个方面实现了文化的弘扬和传承，促进了文化多样性和可持续发展。 2. 经济价值。侗年作为侗族文化的重要标识之一，其活动具有丰富的民俗风情和独特的文化景观，吸引了众多游客前来参观和旅游。发展旅游业可以促进侗族地区的经济发展和文化交流，增加人们对侗族地区文化和地理的了解和关注。 3. 社会价值。侗年活动是全村寨、全地区乃至全民族共同参与的盛大节日，加强了村寨之间、邻里之间、民族之间的交流和互动，增进了友谊和团结。这种社会价值对于促进社区凝聚力和民族和谐具有重要意义。 4. 地理研究价值。侗年作为侗族地区特有的传统节日，是地理学、社会学、人类学等学科的重要研究对象。通过对侗年的研究，学者们可以深入了解侗族地区的文化、历史、社会和生活方式等，为本学科和相关学科的研究提供重要的参考和依据	学生讨论并回答问题	引导学生将知识与实践结合，在实践中学习，提高学生的地理实践能力，增强学生的综合素质
课堂小结	侗年是侗族特有的节日，也是特色民俗风情的标本。侗年更重要的作用是表现了人类与地理环境之间的互动，体现了人类与环境之间相互影响、相互依存的关系，有着不可替代的价值。我们一起来总结侗年的价值	学生与教师共同归纳并总结	帮助学生构建知识树，巩固新知
研学评价	完成并提交"研学评价单"		从多角度、多方面展示学生的实践成果，全面地评估学生的研学效果

5.3 侗年研学评价

本次研学旅行旨在通过实地考察和亲身体验,增强学生对自然环境和人文历史的了解与认识,提高学生的综合素质和实践能力。本次研学评价以过程性评价为主,总结性评价为辅,采用学生自评、互评和师评相结合的方式,全面地评估学生的学习情况,从多角度、多方面展示学生的研学成果,促进学生自我认知和相互学习。

评价方式	评价项	评价内容	自评(30%)	互评(30%)	师评(40%)	研学成绩
过程性评价	思想道德素质(5分/条)	热爱祖国、维护民族团结				
		有较强的文化认同和民族自信				
		尊重当地风俗习惯、有社会责任感				
	学习和分析能力(5分/条)	掌握正确的区域认知,能认识到人与自然是生命共同体				
		能自主查阅和学习相关知识,深入思考和分析,提出相应策略				
		能将所学知识运用于实际情境,对教师提出的问题进行自主思考				
	创新和实践能力(5分/条)	能独立提出新颖的观点和策略				
		掌握获取和处理信息的方法和手段				
		掌握社会调查的标准和技能				
		掌握实践操作流程,善于观察				
	自我管理和社会适应能力(5分/条)	保持积极的学习态度,认真完成研学实践				
		对学习成果进行反思和评估,发现不足				
		与他人建立良好的关系,有效沟通和协作,解决问题				
	艺术鉴赏能力(5分/条)	积极参与实践活动,根据观察结果和知识储备进行创造性解读				
		对艺术作品的形式、风格和主题有情绪感受与个人认知				
总结性评价	沟通协作能力(5分/条)	积极参与小组活动与讨论,有团队协作意识				
		能有效、明确地表达自己的想法和意见,善于倾听并理解他人的观点和立场				
		能接受不同的意见,积极协调各方面的资源,有效解决问题				
	成果展示能力(5分/条)	报告内容完整丰富,推广方案有创新				
		借助 PPT、视频、海报等工具展示成果				

第6章 合拢宴：一宴食得百家味

6.1 合拢宴课程设计

6.1.1 合拢宴设计意图

侗族以好客而闻名。合拢宴是侗族人民宴请客人的一种独特方式，是侗族人民热情好客的具体表现。侗族是民风古朴、热情好客的民族，一直流传着"抢客"的习俗。据当地人介绍，"抢客"是节庆日里一个寨子的侗民到另一个寨子做客，客人入寨，作为主人的寨民就会蜂拥而至，尽其所能哄抢客人，场面热闹非凡。抢不到客的寨民就只好与客人多的家庭商量，要求分客人到自己家。客人多的家庭如果不同意，就会提出建议：没有客人或客人很少的家庭可将自家的食物带来一起分享，桌子不够就架板子拼桌，这就形成了合拢宴。合拢宴是侗族人民给予客人的最高礼仪，能蒙此厚遇的客人必非一般客人。这一习俗历时久远，不仅彰显了侗族人民的热情好客，还蕴含着丰富的民族文化。

课程领域：地域文化、饮食文化、区域地理

适用年级：中学

建议课时：2课时

6.1.2 合拢宴教学目标

教师实地考察、调研、收集有关适宜开展合拢宴课程研学的资源，以合拢宴为切入点，根据可供开发利用的研学资源，进行研学活动设计并编制研学手册，发放至学生，帮助学生了解此次研学的课程安排以及内容结构。以小组为单位，小组长根据研学手册内容结构，安排小组成员调查相应内容并进行资料整合，在实地研学前，引导学生观看介绍侗族合拢宴的视频或图片，帮助学生了解相关背景，包括合拢宴的由来与特点，为研学课程的开展奠定基础。具体研学目标如下：

1. 人地协调观

学生通过了解合拢宴的食材和侗族人民因地制宜就地取材的理念，树立人与自然和谐相处的观念。

2. 综合思维

（1）学生通过对侗族饮食习惯的了解，分析其原因，培养自身综合分析问题的能力。

（2）了解侗族合拢宴的文化内涵，综合分析这种文化形成的原因。

3. 区域认知

（1）能够认识到区域自然环境对合拢宴食材的影响。

（2）能够从自然环境角度综合分析皇都村地域文化特点及形成原因，能指出皇都村的地域景观与地域文化的联系。

（3）认识皇都村的区域特征，掌握区域认知的内涵。

4. 地理实践力

（1）通过实地考察与访谈交流，培养学生获取相关信息的能力。

（2）通过各种现代信息技术提取信息、解决问题，提高地理实践能力。

6.1.3　合拢宴教学准备

1. 确定研学地点

本次研学选取的地点位于湖南省怀化市通道侗族自治县坪坦乡的皇都村。皇都村是南部侗族聚居区典型的传统村落，由新寨、头寨、尾寨、盘寨4个侗族村寨组成。该村自1995年正式成立以来，先后入选中国传统村落名录、全国文明村镇和湖南省首批风情文化旅游小镇，是湘西南少数民族地区传统村落的典型代表。

2. 核心概念

（1）地域文化。地域文化是指一个地区的人们在生产生活、社会制度组织、精神活动中长期形成并体现的价值观和审美情趣。

（2）饮食文化。在中国传统文化教育中的阴阳五行哲学思想、儒家伦理道德观念、中医营养摄生学说以及文化艺术成就、饮食审美风尚、民族性格特征等诸多因素的影响下，创造出彪炳史册的中国烹饪技艺，形成博大精深的中国饮食文化。

（3）区域地理。区域地理是地理学的一个重要分支。它的重点在于一个特定的土地或景观的不同文化和自然地质因素的相互作用。

3. 教学材料

皇都村相关视频及地图、遥感影像图、展板、皇都村现有教学资源。

教学设备：希沃白板、研学手册、研学评价表。

4. 教学建议

教学重难点：地域文化对区域的影响。

5. 活动要求

1）文明纪律

服从安排，准时守约，文明礼貌，注意安全。

2）学习要求

按时完成任务、积极思考、善于提问。

3）成果要求

（1）个人成果。

①完成资料整理并提交一份实践报告（包括活动概述、实践收获、创新构想）。

②整理一套研学活动照片集锦。

（2）班级成果。

①发布一篇本次活动的新闻报道。

②汇总并讨论研学调查数据，撰写一份分析报告。

③形成本次活动的材料汇编（包括方案、新闻报道、个人报告、分析报告和照片集锦）。

6.2 合拢宴教学过程

6.2.1 合拢宴的吃法

建议用时：40分钟

教学用具：皇都村相关资源

活动流程：

教学环节	教师活动	学生活动	设计意图
情景导入	**案例呈现：** 合拢宴又称"长桌宴"，是侗族人民待客的最高礼仪。合拢宴通常在婚嫁、节日、迁居、祭祀等红白喜事场合举办。届时，主人家会邀请亲朋好友、寨里邻居等前来赴宴，人数少则数十人，多则上百人。在宴席上，主人家会按照家族辈分安排位置。宴席菜肴丰富，美食应有尽有，特别是带有侗族独特风味的腌制、熏制、腊制食品。宴席时，主人邀请亲朋好友共举杯，并为其敬酒夹菜，展现侗族人民热情好客、团结友爱的聚居氛围。 图6.1 皇都村合拢宴 **布置任务：** 以小组为单位走访研学所在地皇都村，分析该传统村落的地域文化和景观特点，对侗族文化形成初步认知	学生参观、感受皇都村的侗族特色景观和文化	帮助学生在研学课程正式开始前对目的地形成初步认知，为后续课程的开展奠定一定基础。同时帮助学生形成领略美、欣赏美、创造美的眼光和意识，培养学生的民族自信心和自豪感

续表

教学环节	教师活动	学生活动	设计意图
探究新知	提出问题： 1. 请同学们亲身体验合拢宴，包括吃酸食、喝油茶，体验高山流水。了解合拢宴的由来。 2. 合拢宴的特色是什么？体现了什么文化传统？ 3. 合拢宴具体包含哪些内容？ 引导思考： 在侗族传统村落，除了合拢宴，还有哪些独特的民俗饮食习惯	学生体验合拢宴的全过程，学习相关知识，感受合拢宴的魅力。 学生通过访谈并借助互联网等信息技术，了解侗族民俗	通过研学课程正式开始前的简单参观游览，帮助学生对皇都村形成初步认知，利于后续课程的开展。 培养学生利用互联网等信息技术的能力，提升地理实践力，锻炼沟通交流能力
课堂小结	1. 皇都村作为典型的侗族传统村落，近年来受到人们的广泛关注。村内遍布吊脚楼、鼓楼、风雨桥等侗族建筑，拥有侗族大歌、侗锦、侗戏等非物质文化遗产，民族景观独特且非物质文化遗产丰富。 2. 相传以前侗寨里有两兄弟驾船过河去参加一场歌会。当时水流湍急，而兄弟二人又不通水性，不幸船翻二人落水。幸而他们在下游遇到了一只小船，船夫在危急中救起了兄弟二人，幸免于难的两兄弟久久不忘这份恩情。后来，救人的船夫因事路过两兄弟的寨上，两兄弟特别客气，各自在家中备最好的饭菜，摆设宴席，两家人一起招待贵客。此后，侗寨就逐渐形成了吃合拢宴的习俗。 3. 合拢宴的特色是吃"转转酒"、吃"转转菜"，彰显了侗族人民热情好客的传统文化，体现了少数民族的个性特点	学生与教师共同归纳并查漏补缺	帮助学生构建知识体系，巩固新知
研学评价	完成并提交"研学评价单"		全面评估学生的研学成果

6.2.2 合拢宴的吃食

建议用时：40 分钟

教学用具：皇都村内相关资源

活动流程：

教学环节	教师活动	学生活动	设计意图
情景导入	**案例呈现：** 合拢宴也叫"百家宴"，是一种家家户户把自家的美食端上桌供大家享用的一种风俗习惯，被列入湖南省第五批省级非物质文化遗产代表性项目名录。合拢宴少则几十人，多则成千上万人。怀化市在2009年举办的"天下第一合拢宴"创造了吉尼斯世界纪录。此次合拢宴共有上万人出席，热闹非凡。2023年4月该市又创造了"最多酸食合拢宴"的上海大世界基尼斯纪录，此次合拢宴共有168道侗族酸食亮相。 图6.2 皇都村合拢宴现场 **布置任务：** 请同学们结合亲身经历和教师讲解，思考分析侗族合拢宴的主要食材有哪些，主要来源是什么	学生思考并讨论合拢宴的食材特征	学生通过亲身体验合拢宴，提升研学获得感。 学生通过分析总结合拢宴的主要食材及其来源，提升综合思维能力
探究新知	**提出问题：** 1. 以小组为单位，分析侗族合拢宴的食材大多就地取材的原因。 2. 为什么合拢宴的食物多为酸食？这与当地的地理环境有何联系？ 3. 以皇都村为代表的侗族传统村落具有怎样的区域特征？体现了区域的什么特点？ **引导思考：** 合拢宴作为侗族人民的一种风俗习惯，近年来为大众所熟知。许多游客前往侗族村落，体验合拢宴，感受侗族村落的风土人情。合拢宴最早是家族宴会，随着旅游业的发展，现在衍生为旅游体验。请以小组为单位，通过实地走访与调查，分析合拢宴的演变	学生思考分析、回答问题。 学生采用小组合作的形式，通过实地考察和对村民的访谈调查，分析相关问题	分析合拢宴食材的来源及其原因，掌握农业区位因素的分析方法，认识食材与地理环境的联系，培养学生的人地协调观。掌握皇都村的区域特征，帮助学生树立区域认知。 提高学生的地理实践力，培养提出问题、发现问题并解决问题的能力。同时提升其合作意识，培养综合思维

续表

教学环节	教师活动	学生活动	设计意图
课堂小结	1. 合拢宴的食材多为就地取材，主要原因在于村落交通不便，多为自给自足。合拢宴多含酸味食物的原因，一是侗族人民多聚居在气候湿润的山区中，酸食有助于祛湿；二是侗族聚落多位于封闭山区，交通不便，酸食能够保存更久；三是侗族地区早年缺盐，便用酸代替盐，使食物更加可口。 2. 皇都村的区域特征：亚热带季风气候，夏季高温多雨，雨热同期；土壤肥沃，以亚热带常绿落叶阔叶林为主；地形崎岖，以山地、丘陵和平原为主；河流密布，水资源丰富。这体现了区域的普遍性特征	学生与教师共同归纳并总结	帮助学生构建知识体系，巩固知识
研学评价	完成并提交"研学评价单"		多方位评价学生的研学成果

6.3 合拢宴研学评价

合拢宴作为一项独特的美食风俗，蕴含着侗族人民的热情，承载着厚重的民风民俗。在进行研学课程的学习时，学生不能仅仅品尝合拢宴的美食，还要领略其中的民族特色。本次研学评价以过程性评价为主，总结性评价为辅。结合素质教育的观点，建立对应的评价指标体系，采用学生自评、互评和师评相结合的方式，全面地评估学生的学习和发展情况，并促进学生的自我认知和相互学习。

评价方式	评价项	评价内容	自评（30%）	互评（30%）	师评（40%）	研学成绩
过程性评价	政治思想道德（5分/条）	热爱祖国、有坚定的政治立场				
		对侗族文化有较强的文化认同和民族自信				
		诚实守信、尊重侗族传统风俗习惯				
	知识学习能力（5分/条）	树立正确的区域认知和人地协调观				
		掌握区域认知的学习策略				
		能够自主思考分析教师提出的问题				
	创造性思维和实践技能（5分/条）	能够积极思考并提出创新的观点				
		具备一定获取和处理信息的方法和手段				
		掌握实地考察和访谈的技能				
		掌握实践操作流程				

续表

评价方式	评价项	评价内容	自评（30%）	互评（30%）	师评（40%）	研学成绩
过程性评价	体能与自我管理能力（5分/条）	身体素质良好，能够较快适应村落环境				
		有毅力和恒心，积极参与研学实践				
		遵守研学纪律，保持良好的生活习惯				
	艺术鉴赏兴趣与能力（5分/条）	积极参与研学中合拢宴的体验活动				
		对于皇都村内的各项艺术有自己的独特理解和感受				
总结性评价	表达交流能力（5分/条）	能够与小组成员友好交流并合作，具备一定的团队意识				
		积极参与小组讨论，能够大胆分享自身意见，集思广益				
		充分利用文字、图画等各种形式来表达自己的想法				
	成果展示能力（5分/条）	研学报告内容完整、图文并茂				
		能够使用PPT、视频、音频等形式丰富的工具展示研学成果				

第 7 章 酸食：舌尖上的侗族美食

7.1 酸食课程设计

7.1.1 酸食设计意图

侗族主要分布在湘、黔、桂三省（区）交界处及鄂西地区的苍山翠谷中，这种分布格局主要源于侗族历史上的多次迁徙。侗族原本居住在岭南地区，后经多次迁徙，来到现今湘、黔、桂毗邻地区，并定居在此。这一地区的气候和地理条件都非常适合居住，良好的自然环境也为侗族人民提供了生产生活的保障。侗族人民在适应特定环境的过程中造就了独特的民族文化，拥有了自己的民族语言，建造了别具一格的鼓楼、风雨桥，形成了嗜酸喜糯的饮食风格等。这些文化都是侗族人民智慧的结晶，对侗族人民和侗族社会都具有重大意义。其中，侗族因地制宜逐渐发展形成的独特的饮食文化，体现了侗族人民的生存智慧，在丰富多元的中华饮食文化中独树一帜。

酸食在侗族人民的生活中非常重要。民以食为天，侗族则以酸为上，在侗族民间还流传着"三天不吃酸，走路打蹿蹿"等谚语。在通道侗族自治县坪坦乡的皇都村，酸在当地人心中几乎是民族性的代表，基本上每家每户都有酸坛，有十余种日常菜品可进行腌制。荤酸主要指腌肉（侗语称"nanx sems"）、腌鱼（侗语称"bal sems"）。腌肉有腌猪肉、腌鸭肉、腌鸡肉等。大部分荤酸可生吃、煎、烤、炒，根据个人口味进行选择。素酸主要有酸白菜、酸辣椒、酸豇豆、酸菜、酸竹笋、酸蒜苗、酸黄瓜等。腌制的蔬菜一般可存放两年左右。

总之，酸食作为侗族饮食文化的一部分，始终受到侗族聚居地生态环境的影响，它的形成无法脱离特定的社会空间与社会生活的制约。侗族人民在漫长的生境适应过程中形成了嗜酸的饮食特点，这与侗族的历史、文化以及居住地生态都有着密切的关系。历代侗族先民不断总结、沿袭的酸食习俗体现了侗族人民不断丰富地方性知识的过程。通过研究侗族酸食及其特殊的象征意义，可以更深入地理解侗族地方性知识。侗族之所以能形成酸食文化，是因为在侗族社会中，酸食已经从满足人们的基本生理需求功能演变为侗族社会交往中的社会化符号表达。本课通过开展与侗族酸食相关的系列活动，让学生了解侗族酸食与侗族独特的自然地理条件和文化背景之间的联系，培养学生的团队合作能力和综合思维。

课程领域：饮食文化、自然环境、人文环境、文化传承

适用年级：中学

建议课时：3课时

7.1.2 酸食教学目标

教师实地考察、调研、收集适宜开展侗族酸食研学的相关资源。以侗族酸食为切入点，根据可供开发利用的研学资源，进行研学活动设计并编制研学手册，发放至学生，帮助学生了解此次研学的课程安排以及内容结构。以小组为单位，小组长根据研学手册内容结构，安排小组成员调查相应内容并进行资料整合。在实地研学前，引导学生观看介绍侗族酸食的视频或图片，帮助学生了解研学点背景，包括侗族人民的生活习惯、建筑技术、民间艺术，侗族酸食的历史发展和文化背景，侗族酸食制作过程和制作工艺的特点及优缺点，侗族酸食对于社会、文化、生态和经济的重要意义。通过上述内容激发学生的热情和好奇心，明确以下研学目标：

1. 人地协调观

分析侗族人民在对自然条件的适应下喜爱食酸的原因，明确农业因地制宜的思想。

2. 综合思维

从自然地理（自然因素）与人文地理（社会因素）的角度出发，分析影响侗族人民喜爱酸食的区位条件，培养学生的综合思维。

3. 区域认知

通过案例分析掌握区域认知的方法，形成以区域视角认识区域客观现象的意识，并从区域角度综合分析，形成科学的区域认知观，让学生顺利实现区域知识的拓展与运用。

4. 地理实践力

小组合作，访谈调查肇兴侗寨居民的饮食爱好及变化，提高地理调查能力和地理实践力，实现自主、合作、探究能力的发展。

7.1.3 酸食教学准备

1. 确定研学地点

肇兴侗寨位于贵州省黔东南州黎平县东南部，距县城约70千米，占地面积为120平方千米，是全国最大的侗族村寨之一。村寨四面环山，建于山中盆地，地势西北高东南低，由两条小溪汇聚成的河流穿寨而过。建筑整体呈带状分布，鳞次栉比、错落有致地沿河流地形排布。独特的自然环境造就了当地别具一格的酸食文化，吸引了众多游客。肇兴侗寨分内姓外姓，对外全为陆姓侗族；分为五大房族，分居五个自然片区，当地称

第7章 酸食：舌尖上的侗族美食

之为"团"，分为仁团、义团、礼团、智团、信团五团。寨内侗族传统习俗与建筑保存完整，素有"侗乡第一寨"之美誉。

2. 核心概念

（1）农业。农业是指利用动植物的生长发育规律，通过采集、捕捞、人工驯化、培育、种植、养殖等途径来获得产品的产业。农业生产与自然条件密切相关，同时又受到生产力水平和社会经济规律的制约。

（2）气候。气候对农业生产影响很大，在很大程度上决定农作物的地区分布。例如，热量条件不仅制约农作物的产量，而且与作物种类、耕作制度和栽培方法有关。

（3）地形。地形对农业生产具有重要影响。平原地区地表平坦，土层深厚，便于耕作灌溉，适宜发展种植业。山区地表崎岖，不宜耕作，适宜发展畜牧业和林业及多种经营。

（4）水源。水源是农业生产必备的条件。水源较多的地方，适宜水稻生产和淡水养殖；水源较少的地方，往往只能经营旱作农业或灌溉农业。

（5）农业布局。农业布局是农业、林业、牧业、渔业的空间分布和农业生产的地域组合。它要求农业生产尽可能布置在条件适宜的地区，一定地区的农业生产结构保持合理的比例。农业生产要按照自然规律和经济规律进行，因地制宜，扬长避短，宜农则农，宜林则林，宜牧则牧，宜渔则渔。

3. 教学材料

肇兴侗寨相关视频、板贴、遥感影像图、超轻黏土、木材、展板、肇兴侗寨现有教学资源。

教学设备：希沃白板、研学手册、研学评价表。

4. 教学建议

教学重点：农业的特征；自然条件和社会经济因素对农业区位因素的影响。

教学难点：自然条件和社会经济因素对农业区位因素的影响。农业区位因素与农业布局的关系。

5. 活动要求

1）文明纪律

服从安排，准时守约，文明礼貌，注意安全。

2）学习要求

积极思考，主动交流，及时记录，合作探究，认真完成学习任务。

3）成果要求

（1）个人成果。

①完成资料整理并提交一份实践报告(包括活动概述、实践收获、创新构想)。
②整理一套研学活动照片集锦。
(2)班级成果。
①发布一篇本次活动的新闻报道。
②汇总并讨论研学调查数据,撰写一份分析报告。
③形成本次活动的材料汇本(包括方案、新闻报道、个人报告、分析报告和照片集锦)。

7.2 酸食教学过程

7.2.1 寻酸

建议用时:40分钟

教学用具:侗族酸食

活动流程:

教学环节	教师活动	学生活动	设计意图
情景导入	**案例呈现:** 作为百越族群分支的侗族,是中国南方具有悠久历史的稻作民族。侗族聚居区处于云贵高原向湖广山地过渡的中间地带,地形复杂多变,地貌绮丽多姿,既有高山峻岭,也有河谷平川。 **布置任务:** 以小组为单位,参观皇都村,重点观察侗族美食;访谈询问当地村民一周的菜谱,记录并分享心得体会	学生思考并讨论皇都村和侗族美食的相关内容	学生自主搜集资料,锻炼分析、提取、解读地理信息的能力,培养学生的综合思维能力
探究新知	**提出问题:** 1. 皇都村有哪些农作物?它们属于哪种产业? 2. 侗族小吃街上的哪种美食与我们进寨时看到的农作物相关?为什么侗族人民对这种美食如此着迷?它除了可以作为侗族人民的主食,还有其他功能吗? 3. 酸鱼在侗族酸食中不可或缺,它与哪一产业相关?为什么它会成为侗族人民餐桌上最重要的一道菜? 4. 侗族美食还有哪些?这些美食与我们日常生活中的食物有什么区别?	学生回答侗族美食的主要种类,思考这些美食与我们日常生活中的食物有什么区别,这些食物受侗族人民青睐的原因。学生思考并回答相关问题	参观、游览整个村落的自然风光,品尝特色美食,能够帮助学生形成欣赏美景、领悟侗族美食文化的眼光和意识,培养其家国情怀和对民族文化的热爱

续表

教学环节	教师活动	学生活动	设计意图
课堂小结	侗族以农业为主，主要种植水稻，享有"糯稻之乡"的美誉，在侗乡有"无糯不成敬意"的说法。侗乡的饮食风味集酸、辣、鲜、香于一体，最为突出的就是酸。侗家有句谚语叫作"住不离山，走不离盘，穿不离带，食不离酸"，这是对侗家生活起居的真实写照。侗族人民食酸的饮食文化，是由侗族地区独特的自然环境和人文环境促成的。酸鱼是侗家美食中非常重要的一道佳肴，稻田养鱼展现了侗族人民无穷的智慧	学生与教师共同归纳并总结	帮助学生构建知识树，巩固新知
研学评价	完成并提交"研学评价单"		全面地评估学生的综合思维能力和地理核心素养，并促进学生的自我认知和学习能力

7.2.2 探酸

建议用时：40 分钟

教学用具：侗族美食

活动流程：

教学环节	教师活动	学生活动	设计意图
情景导入	**案例呈现：** 侗族居民大多居住在湘黔桂交界区的山区。这里处于云贵高原向湖广山地过渡的中间地带，地形复杂多变。过去经济落后，交通不便，在与外界缺少交流沟通的情况下，当地食品贸易不发达。居民的食物多是自给自足，有些食物的食用还会受到时间限制，例如，家养猪只在过年时才会宰杀。种种原因使得侗族部分居民食物匮乏。加上当地又处湿热地带，温差大，不利于新鲜蔬菜瓜果的保存，各类时令果蔬、肉类极易腐坏，要保证食物能够长期食用，就只能将其腌制成酸食。该地离产盐的地区比较远，又处于中原腹地，交通不便，导致该地区曾严重缺盐。在长期缺盐的情况下，侗族人民发明了以酸菜代盐的方法，才得以生存。从侗族聚居地的地质结构资料可以得知，区域内一些地方属于岩溶地貌形成的石灰岩地区。侗寨饮用水一般为井水，属于地下水形成的高钙水，村民长期饮用后易患结石病，体内的酸碱平衡也会被打乱。酸食可以调节体内的酸碱度（pH），让身体更加健康	学生思考、讨论促成侗族人民喜爱酸食的自然因素和人文因素	分析侗族人民喜食酸食的自然因素和社会因素，帮助学生认识肇兴侗寨的环境特点，培养学生的综合思维和人地协调观

续表

教学环节	教师活动	学生活动	设计意图
探究新知	提出问题： 1. 促成侗族人民喜爱酸食的自然因素有哪些？ 2. 在地图上找出侗族地区所处的纬度范围，指出侗族地区的地形特征。 3. 侗族地区属于什么气候类型？这种气候类型有何特征？为什么这种气候特点会让侗族人爱上酸食？ 4. 侗族地区的土壤有何不同？这种土质结构对侗族人民喜爱酸食的影响有哪些？ 5. 促成侗族人民喜爱酸食的人文因素有哪些？哪种因素的影响最大？ 6. 侗族人民现在还喜欢吃酸吗？当地居民的饮食发生了什么变化？为什么会发生这样的变化	学生实地考察，画出侗族地区的等高线地形图。在中国气候类型分布图上找出侗族地区的气候类型。观察侗族地区的土质结构。学生讨论交流后进行成果展示	小组合作的方式培养了学生的集体意识，有利于集思广益。读图和画图提高学生分析地图和从地图中获取信息的能力。 从不同的时空角度分析侗族地区农业区位形成的因素，培养学生的综合思维能力和地理实践力，引导其关注传统村落文化的发展，增强民族认同感和家国情怀
课堂小结	侗族地区独特的地形、气候、水文造就了侗族人民喜爱食酸的饮食文化。侗族多分布于东南丘陵区与云贵高原的过渡带，该处海拔为500~1500米。该地区为典型的亚热带季风气候，冬冷夏热，年降水量在800毫米以上，雨水充沛。侗乡常位于石灰岩地区，区域降水丰沛。石灰岩的主要成分是碳酸钙，碳酸钙遇水、二氧化碳会使水质变"硬"。这样的自然环境给侗族人民的饮食带来三个方面的影响： 1. 地形上，山岭中空气流动缓慢，郁积于丛林间，水分难以蒸发，易产生瘴气和毒虫，长期生活在这些地方容易使人生病。侗族人民食用酸鱼来刺激胃酸分泌，帮助自身杀菌和祛湿。 2. 气候上，因为气候炎热，肉食容易变质腐坏，无法像北方游牧民族一样将吃剩的肉类自然风干。为了解决这个问题，侗族人便用糯米腌制肉食再保存，能使肉食多日不变质。一钵饭加两片酸肉或酸鱼就是侗族人上山劳作的午饭，按照乡民的说法便是"一口汤、一片鱼就能吃一碗饭"。 3. 侗族部分地区的地貌是岩溶地貌形成的石灰岩，该地区居民常饮用高钙水。食酸可以调整体内的酸碱平衡，降低患结石病的风险。侗族民间还有先吃酸食再喝山涧水也不会坏肚子的说法。食酸是千百年来侗乡人在适应当地生态环境过程中饮食文化演变的结果	学生与教师共同归纳并总结	帮助学生构建知识树，巩固新知

续表

教学环节	教师活动	学生活动	设计意图
研学评价	完成并提交"研学评价单"		全面评估学生的综合思维能力和地理核心素养，促进其自我认知和学习能力

7.2.3 谈酸

建议用时：40分钟

教学用具：侗族酸食

活动流程：

教学环节	教师活动	学生活动	设计意图
情景导入	**案例呈现：** 去到皇都村，热情的侗族同胞定会呈上一碗油茶招待你。吃油茶只用一根筷子，表示一心一意。傍晚时分，登上普修桥吃上一顿合拢宴。合拢宴是侗乡人好客的集中表现。食物不是名贵的海参燕窝、生猛海鲜，而是一腌就是三五年乃至十年二十年的腌鱼腌肉。侗家人爱酸，无酸不成宴。酸食是侗家人的饮食最爱，分素酸和荤酸两大类，荤酸有酸鸭、酸鱼、酸肉、酸汤牛肉，素酸有酸豆腐、酸豆角、酸米椒，尽显侗族饮食特色。再喝上几杯侗乡苦酒，清凉醇和，回味悠长。 **布置任务：** 请同学们以小组为单位，访谈皇都村的村民，并详细记录访谈过程，访谈后整理访谈记录	学生展开访谈，并形成访谈报告	增强学生的民族自信心，激发对侗族文化的兴趣
探究新知	**提出问题：** 1. 哪类食物是侗族人民的最爱？从社会因素方面而言，它为什么成了侗族人民餐桌上最常见的菜？ 2. 侗族人民的饮食偏好有什么变化？为什么会出现这样的变化？ 3. 如果为侗族人民举办一个美食文化节，会出现哪些美味佳肴？如果要让侗族酸食走向大众，你有什么小妙招？	学生讨论并回答问题	引导学生开展实地调查，学以致用，解决实际生活中的地理问题，提高学生的地理实践能力，增强学生的综合思维能力
课堂小结	侗族人民最爱的食物无疑是酸食。从社会因素考虑，侗族地区处于偏僻山区，远离城市中心，交通十分不便，腌制食物是最好的选择。随着社会进步和科技发展，国家大力支持侗族地区旅游开发，侗乡人的食物种类越来越丰富多样，我们在侗族地区不仅可以吃到让人提神开胃的酸菜、酸鱼、糯米饭，也能喝到咖啡、吃到海鲜和新鲜的小炒肉	学生与教师共同归纳并总结	帮助学生构建知识树，巩固新知

教学环节	教师活动	学生活动	设计意图
研学评价	完成并提交"研学评价单"		全面评估学生的综合思维能力和地理核心素养,促进其自我认知和学习能力

7.3 酸食研学评价

研学旅行作为综合实践及育人的一种新途径,是综合实践活动课程的有机组成部分。在研学旅行活动中,评价是最为重要的一个环节,在很大程度上决定了研学旅行的效果。本次研学评价以过程性评价为主,总结性评价为辅,结合素质教育的观点,建立对应的评价指标体系,注重评价标准多维度、评价主体多元化、评价方式多样化,全面评估学生的学习和发展情况,促进学生的自我认知和相互学习的能力。

评价方式	评价项	评价内容	自评(30%)	互评(30%)	师评(40%)	研学成绩
过程性评价	政治思想道德(5分/条)	热爱祖国、有坚定的政治立场				
		有较强的文化认同和民族自信				
		诚实守信、尊重当地风俗习惯、保护环境				
	知识学习能力(5分/条)	掌握相关的哲学观点、正确的区域认知和人地协调观				
		查阅相关知识,提出因地制宜的策略				
		自主分析总结教师提出的各种问题				
	创造性思维和实践技能(5分/条)	独立提出独特且有创新性的观点				
		掌握获取和处理信息的方法和手段				
		掌握绘制地图的标准和技能				
		掌握实践操作流程				
	体能与自我管理能力(5分/条)	较强的身体素质,反应灵活,较快适应环境				
		有毅力和恒心,积极参与研学实践				
		遵守纪律,保持良好的生活习惯				
		积极参与研学中的美食体验				

续表

评价方式	评价项	评价内容	自评（30%）	互评（30%）	师评（40%）	研学成绩
总结性评价	生活能力（5分/条）	生活有序，管理好自己的物品，不丢三落四，合理消费				
	表达交流能力（5分/条）	良好的沟通交流能力，有团队协作意识				
		积极参与小组讨论，分享想法，集思广益，互相激发创意				
	成果展示能力（5分/条）	充分利用文字、绘图或其他方式表达自己的情感				
		报告内容完整、表述准确、图片丰富				
		使用PPT、视频、音频等工具展示成果				

第8章 稻鱼：当"稻"遇上"鱼"

8.1 稻鱼课程设计

8.1.1 稻鱼课程意图

　　侗族自称"gaeml"，其本意为"生活在被大山阻隔、被森林遮盖的地区的人们"。一般认为侗族是从先秦时期百越的一支民族发展而来，后经数千年的演变与发展，最终形成今天的侗族。侗族也称"僚人""侗僚""峒苗""侗家"等。侗族人口主要分布在贵州、湖南、广西、湖北等省（区）的民族自治县，或少量散居在其他地方。

　　侗族有着悠久的历史和灿烂的文化，其传统风俗和特色深深地烙印在侗族人的日常生活中。侗族有着独特的农业生产方式和古朴的民族文化，建筑、服饰、节日和饮食等方面都各具特色，稻鱼是其特色产物之一。稻鱼是侗族人民千百年来利用当地特殊的自然环境和水土资源形成的独特产物。在稻鱼共生系统中，田鱼吃稻田里的杂草和部分害虫，可以减少水稻病虫害的发生；田鱼觅食时搅动水体，不但可以改善田间的通风透气状况，而且可以增加水体的溶氧量，促进水稻生长。稻田为田鱼的生长、觅食和栖息提供了良好的生态环境，稻花以及稻田内丰富的水生生物可以为田鱼提供饵料。鱼和水稻形成一种和谐共生系统——稻鱼共生系统。稻田养鱼是侗族人的智慧，生物学家们以现代科学的眼光去探究流传千古的传统和智慧，并为其赋予了诸多内涵，称之为"以鱼肥田，以稻养鱼，鱼粮共存"的绿色生态种养循环系统。

　　总之，稻鱼共生系统不是一种简单的种养技术，而是侗族人民历经数千年发展形成的民族智慧，具有传承与创新、人与自然和谐共生等多重意义。如今稻鱼共生系统也在被不断改进和发展，出现了"稻鱼+文化""稻鱼+休闲观光""稻鱼+电子商务"等产业发展模式，这为西南少数民族地区的蓬勃发展，乡村产业振兴开辟了一条新道路。

　　课程领域：农业；产业；文化传承与创新

　　适用年级：中学

　　建议课时：3课时

8.1.2 稻鱼教学目标

教师提前考察肇兴侗寨稻鱼相关的研学资源，根据可利用资源，进行研学活动过程设计并制作研学手册，发放至学生，帮助学生了解此次研学的课程安排以及内容结构。以小组为单位，小组长根据研学手册内容结构，安排小组成员调查相应内容并进行资料整合。在实地研学前，引导学生观看介绍稻鱼的图片或影像资料，帮助学生了解研学背景，包括稻鱼的历史发展背景和文化背景，侗族的生活习惯、建筑技术、民间艺术，以及稻鱼对于社会、文化、生态、经济的重要意义，激发学生的学习兴趣。明确以下研学目标：

1. *人地协调观*

（1）了解稻鱼共生系统形成的自然原因和人文原因，参观、体验稻鱼收获、捕捞的过程，体会人类利用自然、改造自然的力量，更深层次地理解人与自然和谐共生的理念。

（2）能够结合肇兴侗寨区域的自然环境与资源，分析稻鱼共生系统产生的原因和对当地居民的影响，理解人地协调发展的意义。

2. *综合思维*

（1）在参与、体验过程中，思考稻鱼生长需要经历哪些过程以及稻和鱼之间存在的联系，培养学生思维的深度和广度。

（2）能够结合肇兴侗寨的自然环境和可利用资源，分析稻鱼共生系统在该区域形成的原因及其对区域发展的意义。

3. *区域认知*

（1）能够认识到区域自然环境对当地农业生产、耕种技术、地域文化的影响，从区域的角度出发认识地理事物及地理现象。

（2）能够从自然环境角度综合分析地域文化的特点及形成原因，指出传统耕种方式对现代化的适应。

4. *地理实践力*

（1）通过采访村民、获取信息资料、体验稻鱼丰收等过程，培养学生的交流沟通、信息收集、动手操作能力。

（2）开展合作调研，能够利用无人机等工具对肇兴侗寨产业资源的空间分步实施社会调查，并对该区域发展带来的影响进行简要阐释。

8.1.3 稻鱼教学准备

1. 确定研学地点

肇兴侗寨地处贵州省黔东南苗族侗族自治州黎平县。它是黔东南侗族地区最大的侗族村寨、全国最大的侗族村寨之一，也是侗族的民俗文化中心，素有"侗乡第一寨"的美誉。肇兴侗寨四面环山，建于山中盆地，占地面积18万平方米。寨中房屋为干栏式吊脚楼，鳞次栉比，错落有致；房屋全部用杉木建造，硬山顶覆小青瓦，古朴实用。肇兴不仅是鼓楼之乡，还是歌舞之乡，寨上有侗歌队、侗戏班。

黎平县以山地为主，肇兴侗寨则处于一个狭长谷地，寨中侗族建筑密集，形成罕见的布局风格。当地耕种的梯田多沿山势分布，云雾缭绕。春天，油菜花开，景色诱人。距肇兴侗寨6千米处的堂安侗寨，是一座由中国和挪威政府共同组建的生态博物馆，其村寨的稻田依山而建，形成的梯田甚为壮观，可与广西的龙脊梯田媲美。

2. 核心概念

（1）文化景观。文化景观指居住在其土地上的人的集团，为满足某种需要，利用自然界所提供的材料，有意识地在自然景观上叠加了自己创造的景观。由于不同的集团具有不同的文化背景，所以其创造的文化景观也各有明显的特征。

（2）产业。产业指一个经济体中，有效运用资金与劳力从事生产经济物品（不论是物品还是服务）的各种行业。

（3）农业。农业是指利用动植物的生长发育规律，通过人工培育来获得产品的产业。农业属于第一产业，是支撑国民经济建设与发展的基础产业。广义农业包括种植业、林业、畜牧业、渔业及其为上述行业提供辅助性活动的行业；狭义农业是指种植业。

（4）共生。共生是指两种不同生物之间所形成的紧密互利关系。动物、植物、菌类以及三者中任意两者之间都存在共生。在共生关系中，一方为另一方提供有利于生存的帮助，同时也获得对方的帮助。两种生物共同生活，相互依赖，彼此有利。倘若彼此分开，则双方或其中一方便无法生存。

3. 教学材料

肇兴侗寨相关视频、板贴、遥感影像图、肇兴侗寨现有教学资源。

教学设备：希沃白板、研学手册、研学评价表。

4. 教学建议

教学重点：地域文化的形成原因；自然环境对区域发展的影响。

教学难点：文化景观对区域的影响；稻鱼共生系统与区域发展的关系。

5. 活动要求

1）文明纪律

服从安排，准时守约，文明礼貌，注意安全。

2）学习要求

提出问题，解决问题，认真倾听，充分思考，认真完成学习任务。

3）个人成果要求

①提交一份实践报告（包括调研过程、调研收获、创新构想）。

②汇总并讨论研学调查数据，撰写一份分析报告。

③形成活动过程和成果的资料汇编（包括活动方案、新闻报道、实践报告和照片集锦）。

8.2 稻鱼教学过程

8.2.1 初见稻鱼

建议用时：40分钟

教学用具：稻鱼养殖田

活动流程：

教学环节	教师活动	学生活动	设计意图
情景导入	**案例呈现：** 侗族主要分布在黔、湘、桂三省（区），其中约有100万人分布在贵州省和湖南省交界地带。侗族聚居区域属于亚热带季风湿润区，地形以山地为主，农业以种植水稻为主，鱼粳稻最为出名，同时侗族人民还选育栽培出了优质水稻——香禾糯。侗族人民十分擅长用稻田养鱼，形成了以"稻鱼鸭共生"为特点的侗族有机农业文化遗产。除了擅长种植水稻以外，侗族人民还兼营林业，以杉木最为出名。 图 8.1 肇兴侗寨稻鱼养殖田（后附彩图） **布置任务：** 请同学们以小组为单位，参观肇兴侗寨，重点观察稻鱼养殖田分布的特点，并分享自己的心得体会	学生思考并讨论稻鱼养殖田的相关内容	在获取资料的过程中，锻炼学生的信息收集整合、沟通交流能力

续表

教学环节	教师活动	学生活动	设计意图
探究新知	提出问题： 1. 稻鱼这一景观是否在其他地方出现？ 2. 稻鱼属于哪一产业类型？当地除了这一类型的产业外还有其他产业吗？ 3. 肇兴侗寨主要的农业类型有哪些？ 4. 影响稻鱼等相似类型产业布局的因素有哪些？ 5. 稻鱼是否对当地人民产生影响？是正面还是负面影响？ 6. 相较于传统的水稻种植和鱼养殖的方式，稻鱼有什么特点？ 引导思考： 当地的产业类型、农业和自然环境	学生思考并回答三种主要的产业。 学生思考讨论并回答所有问题	在参观、游览肇兴侗寨整个村落的自然风光的过程中，提升学生观察事物和发现问题的能力，形成领略美、欣赏美、创造美的眼光和意识，培养民族情怀
课堂小结	稻鱼并不是单指某种鱼类，而是生长在水稻田里的鱼类的泛称，通常为鲫鱼、鲤鱼，也有草鱼。它们在水稻田生长，以水稻里的杂草、虫子以及稻花等为食，所以称为稻鱼。 肇兴侗寨地区地势高耸，地形以山地为主，很难形成天然的鱼塘，于是当地人民利用水稻梯田养殖鲤鱼。这种鲤鱼以稻田中的浮游生物和稻花为食，再加上海拔高、温度低，鲤鱼的生长速度慢，所以这种稻花鱼不但没有土腥味，反而多了稻花的香味，肉嫩骨酥，美味无比。我们一起来总结自己心中对稻鱼的印象	学生与教师共同归纳并总结	帮助学生构建知识树，巩固新知
研学评价	完成并提交"研学评价单"		多方面评估学生的学习和发展情况，并促进学生的团队合作能力和总结能力

8.2.2 稻鱼的养殖

建议用时：40分钟

教学用具：稻鱼养殖田

活动流程：

教学环节	教师活动	学生活动	设计意图
情景导入	在稻鱼共生系统中，水稻和稻鱼互利共生。稻鱼的粪便及分泌物等，能为水稻生长提供肥料；稻鱼还能清除某些杂草和害虫，疏松泥土，有利于水稻生长。稻花、稻叶等能作为稻鱼的食物；稻株能为稻鱼起到挡风、遮阴、避雨的作用。鱼和稻形成了一个良性的生态循环系统，减少肥料投入和饲料投入；同时鱼质鲜美，口感好，使得农民收入增加。 培育出高质量的稻鱼，还要注意以下问题：第一，为了防止暴雨时稻田涨水，鱼被冲走，农民需要建造较高的田埂；第二，要开挖鱼沟，有利于鱼类游动，开好进水口、出水口，确保稻田水质好，鱼类质量才会高；第三，为确保鱼类的健康和品质，稻田要勤施有机肥，不施化肥；发生病虫害尽量绿色防控，不能施用有毒性的农药。 图8.2 稻鱼（后附彩图） 以小组为单位，走进稻鱼养殖田，重点观察稻鱼共生系统中稻与鱼之间的相互关系与作用，并分享心得体会	学生思考并讨论稻鱼生长需要的合适条件	分析侗寨自然环境与建筑作用，帮助学生认识肇兴侗寨的环境特点，培养学生的区域认知和人地协调观
探究新知	提出问题： 1. 稻鱼在当地形成的原因有哪些？ 2. 稻鱼共生系统的原理是什么？稻和鱼如何互利共生？ 3. 建设稻鱼共生系统时采取的主要田间工程措施有哪些？ 4. 为保证稻鱼品质，稻鱼生长期稻田管理应注意什么？ 引导思考： 稻鱼共生系统距今已有千年历史，这一系统是否随着历史的发展不断改进？侗族人民是如何改进、升级的？	学生实地考察，观察鱼的生活习性和水稻生长条件，并总结特点，说明稻鱼共生系统的优点与缺点	小组合作的方式培养了学生的集体意识，有利于学生集思广益
课堂小结	稻鱼以稻田里的杂草、虫子和稻花为食，鱼的粪便又成为肥料，这便是一种生态互补循环的方式。但这一过程并不容易，需要保证稻鱼数量合理、稻田水位合理以及稻田无公害等因素	学生与教师共同归纳并总结	帮助学生构建知识树，巩固新知

教学环节	教师活动	学生活动	设计意图
研学评价	完成并提交"研学评价单"		锻炼学生的实践能力、思考能力和观察能力

8.2.3 稻鱼的意义

建议用时：40 分钟

教学用具：稻鱼养殖田

活动流程：

教学环节	教师活动	学生活动	设计意图
情景导入	**案例呈现：** 在肇兴侗寨，侗族等世居民族将"饭稻羹鱼""火耕水耨"的农业传统演变成"稻鱼鸭共生"的农耕技术。这不仅发扬了优秀的传统农业文化，还开辟了一条保护农作物资源多样性的新路径。此外，还有利于实现生产、生活与生态协同发展，有效保护丰富多样的糯稻地方品种，为其他地区保护特色生物资源、探索生物多样性保护与经济社会发展双赢之路提供了范例。 **布置任务：** 请同学们自行组队，访谈肇兴侗寨村民，详细记录访谈过程，访谈后整理成报告并提交	学生展开访谈，并形成访谈报告	增强学生的民族自信心，激发学生对侗族文化的兴趣
探究新知	**提出问题：** 1. 稻鱼共生系统有哪些生态功能？ 2. 稻鱼共生系统如何体现可持续发展的理念？ 3. 推测利用稻鱼共生系统种植的稻米品质优良的原因。 4. 稻田养鱼方式的转变对当地可能产生的不利影响有哪些？ 5. 传承千年的稻鱼共生系统被联合国粮食及农业组织评为"全球重要农业文化遗产保护项目"，我们应该如何保护这一农业文化遗产？ 6. 侗族人民千年智慧形成的稻鱼共生系统对于我国的乡村发展有什么借鉴意义？ **引导思考：** 引导学生实地体验肇兴侗寨稻鱼共生系统，感受侗族人民的智慧。鼓励学生制作稻鱼共生系统模型，并说明需要注意的事项	学生讨论并回答问题	引导学生开展实地调查，学以致用解决实际生活中的地理问题，提高学生的地理实践能力，增强学生的综合思维能力

续表

教学环节	教师活动	学生活动	设计意图
课堂小结	1. 稻鱼生态模式节本增收的效果较为明显，相比常规模式更能有效节约化肥、农药等方面的经济成本。 2. 除节约成本外，稻鱼生态模式还能提升稻田土壤质量，降低化肥和农药的影响，提高土壤营养物质成分，保证作物质量和安全。 3. 稻鱼生态模式还能改善农业生产条件，优化农业和农村经济结构，为无公害农产品生产和农业产业化经营提供帮助，助力乡村振兴。此外，稻鱼模式还能增加粮食产量，解决粮食安全问题，为人们提供安全绿色的农作物，有效提高绿色农产品在市场上的地位，推动农业经济不断发展	学生与教师共同归纳并总结	帮助学生构建知识树，巩固新知
研学评价	完成并提交"研学评价单"		多方面促进学生思考，锻炼学生的发散思维能力

8.3 稻鱼研学评价

本次研学评价以过程性评价为主，总结性评价为辅。对学生调研过程中体现出的思想政治道德、知识学习能力、创造性思维和实践技能等进行针对性评价，有助于学生找准在今后学习过程中需要弥补的短板。同时，结合素质教育的相关要求，形成合理、综合、全面的评价标准与方式，采取学生自评、互评和师评相结合的方式，全面地评估学生的学习和发展情况，促使学生提升自我认知能力和认知水平。

评价方式	评价项	评价内容	自评(30%)	互评(30%)	师评(40%)	研学成绩
过程性评价	政治思想道德（5分/条）	热爱祖国、有坚定的政治立场				
		有较强的文化认同和民族自信				
		诚实守信、尊重当地风俗习惯、保护环境				
	知识学习能力（5分/条）	掌握相关的哲学观点，形成正确的区域认知和人地协调观				
		查阅相关知识，因地制宜提出策略				
		自主分析总结教师提出的各种问题				

续表

评价方式	评价项	评价内容	自评(30%)	互评(30%)	师评(40%)	研学成绩
过程性评价	创造性思维和实践技能（5分/条）	能独立提出独特且有创新性的观点				
		掌握获取和处理信息的方法和手段				
		掌握绘制地图的标准和技能				
		掌握实践操作流程				
	体能与自我管理能力（5分/条）	较强的身体素质、反应灵活，较快适应环境				
		有毅力和恒心，积极参与研学实践				
		遵守纪律，保持良好的生活习惯				
	艺术鉴赏兴趣与能力（5分/条）	积极参与研学中非物质文化遗产技艺的直接体验				
		对艺术作品的形式、风格和意义有自己的理解和感受				
总结性评价	表达交流能力（5分/条）	良好的沟通交流能力和团队协作意识				
		积极参与小组讨论，分享想法、集思广益、互相激发创意				
		充分利用文字、绘图或其他方式表达自己的情感				
	成果展示能力（5分/条）	报告内容完整、表述准确、图片丰富				
		使用PPT、视频、音频等工具展示成果				

第三部分

住：侗族建筑

第9章　鼓楼：木构建筑的瑰宝

9.1　鼓楼课程设计

9.1.1　鼓楼设计意图

　　侗族是我国的少数民族之一，具有举足轻重的地位。湖南省的侗族聚居地主要有通道、新晃、芷江和靖州，广西壮族自治区的融水、龙胜和三江，湖北省的咸丰、宣恩和恩施等地也有侗族居住。侗族拥有三大宝，分别是大歌、鼓楼和风雨桥，其中，最高的防腐木凉亭是侗族鼓楼。鼓楼是侗乡具有地域特点的建筑物，流行于黔、湘、桂地区。鼓楼以防腐木木凿榫衔接，顶梁柱凌空而上，排枋纵横交错，上下吻合，采用杠杆原理，层层支撑而上。鼓楼通体是防腐木木质结构，不用一钉一铆，结构严密坚固，可达数百年不腐不斜。在古代，侗族鼓楼有开会场所、外敌入侵鸣鼓警示等作用。

　　本课通过与鼓楼相关的系列活动，让学生了解鼓楼的设计原理和文化背景，培养学生的团队合作能力和创新思维。

　　课程领域：建筑、文化

　　适用年级：中学

　　建议课时：3课时

9.1.2　鼓楼教学目标

　　教师实地考察、调研、收集有关适宜开展鼓楼研学的资源。以鼓楼为切入点，根据可供开发利用的研学资源并编制研学手册，发放至学生，帮助学生了解此次研学的课程安排以及内容结构。以小组为单位，小组长根据研学手册内容结构，安排小组成员调查相应内容并进行资料整合。在实地研学前，引导学生观看介绍侗族鼓楼的视频或图片，帮助学生了解相关背景，包括鼓楼的历史发展和文化背景，侗族的生活习惯、建筑技术、民间艺术，鼓楼的设计和构造原理，木结构工程的特点和优缺点，鼓楼对于社会、文化、生态和经济的重要意义，激发学生的热情和好奇心。具体研学目标如下：

　　1. 人地协调观

　　了解鼓楼建造的自然原因和人文原因，参观鼓楼建筑布局，了解鼓楼的用途，体会人类利用自然、改造自然的智慧所在，树立人与自然和谐相处的观念。

　　2. 综合思维

　　（1）通过对侗族鼓楼的参观学习，思考鼓楼建筑的特点及成因，培养学生的思维深度和广度。

（2）能够结合皇都村的区域地图，分析村内各座鼓楼的位置及原因。

3. 区域认知

（1）能够认识到区域自然环境对皇都村环境格局、建筑选材及布局的影响，从区域的角度出发认识地理事物。

（2）能够从自然环境角度综合分析皇都村地域文化特点及形成原因，能够指出皇都村地域景观与地域文化的联系。

4. 地理实践力

（1）通过与村民访谈交流，培养学生获取相关信息的能力；通过采集木材、制作鼓楼模型，培养学生的动手操作能力。

（2）在小组合作中利用各种地理信息技术手段和其他工具，掌握皇都村的地域景观，培养学生的实践能力。

9.1.3 鼓楼教学准备

1. 确定研学地点

本次研学地点位于湖南省怀化市通道侗族自治县坪坦乡的皇都村。该村是南部侗族聚居区典型的传统村落，由新寨、头寨、尾寨、盘寨4个侗族村寨组成。该村自1995年正式成立以来，先后入选了中国传统村落名录、全国文明村镇和湖南省首批风情文化旅游小镇，是湘西南少数民族地区传统村落的典型代表。

2. 核心概念

（1）地域文化。地域文化是指一个地区的人们在生产生活、社会制度组织和精神活动中长期形成并体现的价值观和审美情趣。

（2）景观。景观是指相对固定在地表的实体要素。自然地理景观有土壤、植被、地貌等，人文地理景观有农田、矿山、道路、实用性建筑、纪念及艺术类雕塑或建筑物。

（3）建筑文化。建筑是人们为满足生产、生活或从事其他活动而创造的空间环境，如房屋、洞穴、桥梁、墙垣、道路、水利、家具等构筑物以及栽培的植物，具有典型性的形体或社会意识表现形态。

3. 教学材料

皇都村相关视频及地图、遥感影像图、展板、皇都村现有教学资源。

教学设备：希沃白板、研学手册、研学评价表。

4. 教学建议

教学重点：地域文化的特征。

教学难点：地域文化对区域的影响。

5. 活动要求

1）文明纪律

服从安排，准时守约，文明礼貌，注意安全。

2）学习要求

认真思考、积极主动、完成学习任务。

3）成果要求

（1）个人成果。

①完成资料整理并提交一份实践报告（包括活动概述、实践收获、创新构想）。

②整理一套研学活动照片集锦。

（2）班级成果。

①发布一篇本次活动的新闻报道。

②汇总并讨论研学调查数据，撰写一份分析报告。

③形成本次活动的材料汇编（包括方案、新闻报道、个人报告、分析报告和照片集锦）。

9.2 鼓楼教学过程

9.2.1 初见鼓楼

建议用时：40分钟

教学用具：皇都村村落景观

活动流程：

教学环节	教师活动	学生活动	设计意图
情景导入	**案例呈现：** 侗族主要聚居于我国西南地区东缘，这里南有九万大山和越城岭，西属云贵高原苗岭山脉，海拔300～2000米。侗族聚居区域属于亚热带季风湿润区，受山高谷深影响，其内部气候呈现出了垂直分布现象，各个地方的气候差异极大，甚至有"一山有四季，十里不同天"的说法。 图9.1 皇都村建筑景观 **布置任务：** 请同学们以小组为单位，参观皇都村，重点观察村内几座鼓楼，并在小组内分享自己的心得体会	学生思考并讨论鼓楼相关内容	获取资料的过程能够锻炼学生沟通交流、收集整合信息的能力

教学环节	教师活动	学生活动	设计意图
探究 新知	**提出问题：** 1. 皇都村位于通道侗族自治县山区内。我们从学校出发到皇都村，主要乘坐了哪几种交通工具？ 2. 交通运输方式有哪几种？历史上皇都村的交通运输方式发生了哪些变化？ 3. 地域间的联系方式只有交通运输吗？ 4. 影响交通运输布局的因素有哪些？ 5. 皇都村村民外出主要依靠哪几种交通方式？ **引导思考：** 自然环境、风水观念、民俗崇拜	学生回答五种主要的交通运输方式。 学生讨论并回答问题	参观、游览皇都村整个村落的自然与人文风光，能够帮助学生形成领略美、欣赏美、创造美的眼光和意识，培养学生的民族自信心和自豪感
课堂 小结	皇都村位于湖南省通道侗族自治县坪坦乡，坐落在典型的坝子内。村落聚居着以侗族为主的少数民族，地形依山傍水，村寨具有浓厚的民族风情	学生与教师共同归纳、查漏补缺	帮助学生构建知识体系，巩固新知
研学 评价	完成并提交"研学评价单"		全面评价学生的学习成果

9.2.2 再探鼓楼

建议用时：40 分钟

教学用具：皇都村系风楼

活动流程：

教学环节	教师活动	学生活动	设计意图
情景 导入	**案例呈现：** 鼓楼是侗寨的中心和灵魂。作为侗族三宝之一，鼓楼通常选址在村寨的中心位置。鼓楼的外形似杉树，源于侗家人对杉树的崇拜，它有着聚众议事、迎宾送客、开展集体活动等功能，是侗家人不可缺少的公共活动中心。 图 9.2　皇都村系风楼近景 **布置任务：** 请同学们以小组为单位，走进系风楼，重点观察其营造技艺，并分享自己的心得体会	学生思考并讨论鼓楼的特征	通过分析鼓楼的选址与建筑形式的特点，帮助学生认识皇都村的环境特点，培养学生的区域认知和人地协调观

续表

教学环节	教师活动	学生活动	设计意图
探究新知	提出问题： 1. 系凤楼在当地具有什么作用？ 2. 系凤楼的建筑特色有哪些？反映了怎样的地域文化？ 3. 在对系凤楼进行参观了解后，思考如何对其进行改造，使其更好适应当地村民生活？如何运用现代材料和技术，提高系凤楼的耐用性？ 引导思考： 侗族鼓楼以其独特的造型屹立在村落的中心地带，隐藏在栋栋吊脚楼之间，高高矗立，形似佛塔。它不仅是侗族文化的象征，也是中国木构建筑之魂。 引导学生通过模型制作活动，设计和构建鼓楼模型。鼓励学生运用鼓楼建设的方法，模仿传统建造技艺	实地参观考察系凤楼的建筑特点，归纳并总结建筑特色 因地制宜，以小组为单位，利用当地的纸板、竹子等材料制作侗族鼓楼模型，不限尺寸。学生制作完成后进行成果展示，并进行小组自评、组间互评、教师评价以及村民评价，得出最终的评价结果	小组合作的方式培养了学生的集体意识，有利于集思广益，增强其集体责任感。 提高学生的地理实践力，锻炼学生的动手操作能力，培养其提出问题、发现问题并解决问题的能力。 采取多主体评价的方式，提升评价的客观性
课堂小结	鼓楼作为侗族村落的中心，蕴含着侗族人民的精神文明。鼓楼的发展应坚持保护为先，顺应自然，和谐共生，构建人与自然生命共同体。我们一起来对侗族鼓楼的建筑特色和建造技巧进行小结	学生与教师共同归纳并总结	帮助学生构建知识体系，巩固知识
研学评价	完成并提交"研学评价单"		全方面、多维度地评价学生的学习成果

9.2.3 解密鼓楼

建议用时：40 分钟

教学用具：皇都村

活动流程：

教学环节	教师活动	学生活动	设计意图
情景导入	**案例呈现：** 侗族鼓楼是侗族人民休闲、娱乐、议事的公共空间，夏日乘凉，严冬烤火。在古代，这是村民讲款的地方，鼓楼前的广场是举行节庆、晾晒谷物的地方，鼓楼与村民的生活紧密联系。现在，鼓楼的作用依然是这些吗？ 图9.3 皇都村重阳楼 **布置任务：** 请同学们以小组为单位，访谈皇都村村民，详细记录访谈过程，并整理访谈资料	学生展开访谈，并形成访谈报告	通过实地访谈与实地考察，获取一手资料，培养学生获取信息、分析信息的能力，增强学生对侗族文化的兴趣
探究新知	**提出问题：** 1. 鼓楼建在侗族村落中心地带的主要目的是什么？ 2. 侗族鼓楼的功能主要体现在哪些方面？从古至今有什么变化？ 3. 皇都村近年来不断发展旅游业，被誉为"音乐小镇""非遗小镇"等，旅游开发对当地村民的生活产生了哪些影响？ 4. 如果你是皇都村的一员，现邀请你针对皇都村的未来发展献计献策，如何实现既有金山银山，又有绿水青山？ **引导思考：** 侗族鼓楼的功能与作用。 1. 生活实用：鼓楼是村民聚众议事、选择款首、惩恶扬善、击鼓报警和进行各种文化娱乐活动的场所。 2. 符号象征：鼓楼象征着龙的形象。侗族人在修建寨子的时候，就已经充分显示出对龙的意象的文化表达，风水格局、民居、寨门、风雨桥等无不与龙的喻象有关。一个完整独立的鼓楼，其实也是完整的龙的符号形象。但是，它不是一条腾空舒展的游龙，而是一条盘缠坐卧的龙，鼓楼圆环形层层上升的檐面体现得最为形象和清晰，如果从高空垂直往下看，效果更加逼真。		

续表

教学环节	教师活动	学生活动	设计意图
探究新知	3. 彰显文化：在侗族社会文化中，鼓楼的地位高于每个家庭，它处于中心而且高居在每个家庭之上。侗族鼓楼的顶端部位完全借用了宫廷建筑显示最高伦理地位的样式，似乎也隐喻将侗族地方性文化中的最高权力纳入中央政府的权力范围。侗族鼓楼是一个巨大的文化符号，其中隐含了多层的文化积淀。 4. 建筑美学：外观上，侗族鼓楼是一种极富视觉效果的建筑。一座建造完成的鼓楼，楼顶是连串葫芦形的顶尖，直刺苍穹，犹如塔尖；中部是层层叠楼，形如宝塔的楼身；中间是一个或方或圆的大火塘。基本的轮廓和整体的形式上，鼓楼的形态最显著的特点是，总体在不脱离杉树原型的基础上，糅合了汉族密檐多层佛塔的造型，形成下大上小的楼塔形状	学生思考、讨论并回答问题	引导学生开展实地调查，学以致用解决实际生活中的地理问题，提高学生的地理实践能力。增强学生的综合思维能力。培养学生的主人公意识，提升学生的责任感，锻炼综合思维
课堂小结	鼓楼历史久远，侗族村寨出现时，鼓楼就已与之相伴。有鼓就有楼，有楼则置鼓。鼓楼是侗寨最显著的标志，是侗族文化体系的代表，是侗族文明的象征	学生与教师共同归纳并总结	帮助学生构建知识树，巩固新知
研学评价	完成并提交"研学评价单"		帮助学生评估研学成果

9.3 鼓楼研学评价

本次研学评价以过程性评价为主，总结性评价为辅。结合素质教育的观点，建立对应的评价指标体系，采用学生自评、互评和师评相结合的方式，全面地评估学生的学习和发展情况，并促进学生的自我认知和相互学习的能力。

评价方式	评价项	评价内容	自评(30%)	互评(30%)	师评(40%)	研学成绩
过程性评价	政治思想道德(5分/条)	热爱祖国、有坚定的政治立场				
		对侗族文化有较强的文化认同和民族自信				
		诚实守信、尊重侗族传统风俗习惯				
	知识学习能力(5分/条)	树立正确的区域认知和人地协调观				
		掌握区域认知的学习策略				
		能够自主思考分析教师提出的问题				

续表

评价方式	评价项	评价内容	自评(30%)	互评(30%)	师评(40%)	研学成绩
过程性评价	创造性思维和实践技能（5分/条）	能够积极思考并提出创新的观点				
		具备一定的获取和处理信息的方法和手段				
		掌握绘制地图的标准和技能				
		掌握实践操作流程				
	体能与自我管理能力（5分/条）	身体素质良好，能够较快适应村落环境				
		有毅力和恒心，积极参与研学实践				
		遵守研学纪律，保持良好的生活习惯				
	艺术鉴赏兴趣与能力（5分/条）	积极参与研学中各项非物质文化遗产技艺的体验活动				
		对于皇都村内的各项艺术有自己独特的理解和感受				
总结性评价	表达交流能力（5分/条）	能够与小组成员友好交流并合作，具备一定的团队意识				
		积极参与小组讨论，能够大胆分享自身意见，集思广益				
		充分利用文字、图画等各种方式来表达自己的想法				
	成果展示能力（5分/条）	研学报告内容完整、图文并茂				
		能够使用PPT、视频、音频等形式丰富的工具展示研学成果				

第 10 章 吊脚楼：长了"脚"的房子

10.1 吊脚楼课程设计

10.1.1 吊脚楼设计意图

  吊脚楼也叫"吊楼"，是侗族、苗族、土家族、布依族等民族的传统民居建筑，在湘西、渝东南、桂北等地区分布较多。不同民族的吊脚楼各有特色，侗族吊脚楼不仅保留了古代越人的干栏式建筑的特点，而且在建造工艺、建筑造型和布局、民居功用等方面独具特色。侗族所居住的村寨自然环境优美，往往依山傍水，群山环抱，农田层层，树木茂盛。侗族吊脚楼因山就势，顺坡而建，多为两三层外廊式的木结构楼房。吊脚楼的一层为架空状态，多用于安置石碓、堆放杂物、饲养牲畜、圈养家禽。二层用于居住，设置堂屋、卧室、客房、火塘等，堂屋光线充足，设有神龛，为一家人休息交流、追念故祖的场所。火塘是祖先的所在地，同时也是侗族人取暖、烧水、做饭之处，人们常围绕火塘讨论家事、欢乐高歌。三楼作为阁楼层，可用于居住或者存放粮食杂物。侗族吊脚楼飞檐翘角，每个楼层三面设有走廊和木制栏杆。

  建筑是人类文明的载体，是了解民族文化的媒介。侗族吊脚楼是一种极富侗族特色的民居建筑，具有较高的历史价值和艺术价值。侗族吊脚楼的修建与当地的自然资源关系密切，包括地形地势、气候水文等，其建造过程、建筑造型、原料选取均体现出当地居民的生产生活方式、人与自然的和谐共生和人类的建造智慧。侗族吊脚楼既能适应当地的自然环境，又能融合当地的民俗风情，在建筑布局上具有鲜明的民族特色和浓厚的乡土气息。侗族吊脚楼建筑形式是侗族人民对建筑空间构成、造型审美、施工技艺、结构形式的独特理解和认识，是在长期历史积淀中慢慢形成的。侗族吊脚楼兼具使用功能和审美功能，是一种民族性的、地域性的代表建筑。

  总之，侗族吊脚楼是一种独特的侗族民居建筑，不仅是古人建造智慧和技艺的结晶，更是侗族生产生活、民族文化的历史见证。本课程通过设计有关侗族吊脚楼的一系列活动，帮助学生了解其历史背景、建造原理、建造智慧、地理环境，培养学生的动手能力、信息收集与分析能力，提升综合思维。

  课程领域：建筑、文化传承、建造工艺

  适用年级：中学

  课时：3 课时

10.1.2 吊脚楼教学目标

根据吊脚楼对于社会、生态、历史、艺术等方面的重要意义，结合吊脚楼研学课程设计和学生学情，制定的老寨村吊脚楼地理研学旅行课程目标如下：

1. 人地协调观

（1）通过参观吊脚楼布局及了解各楼层用途和建筑材料，探究吊脚楼建造的自然因素和人文因素，体会人类利用自然、改造自然的智慧所在，更好地树立人与自然和谐相处的观念。

（2）能够结合老寨村的选址、环境格局、建筑分布，说明老寨村先祖选择在此定居的原因和村落空间布局的影响因素。

2. 综合思维

（1）通过前期查阅相关资料，获取老寨村老寨、平盘、孟龙三个自然团寨的位置分布图，分析其位置选取和布局形态的变化，推断老寨村的扩张方向。

（2）在参观游览老寨村吊脚楼过程中，分析吊脚楼这一建筑形式的地理环境选择要素，培养思维的深度和广度。

3. 区域认知

（1）能够从区域的视角出发，立足于老寨村，思考其所处自然环境对区域环境格局、建筑材料选取、建筑功能布局的影响。

（2）通过实地观察老寨村的典型植被、吊脚楼的建筑风格和特点，思考植被特点和民居风格与地理环境的关系。

4. 地理实践力

（1）与村民访谈过程中能够提出针对性问题，提出猜想，说明困惑，提升沟通和表达能力、收集地理信息的能力。

（2）通过实地采集植被样本、参观吊脚楼民宅、合作制作吊脚楼模型等过程，提高动手操作能力、团结合作能力。

10.1.3 吊脚楼教学准备

1. 确定研学地点

老寨村地处通道侗族自治县陇城镇东南部，东邻三盘村，南接新江村，北毗东江村，西连甘溪乡，距坪阳集镇约8.6千米，距陇城镇镇区约18.6千米，距通道侗族自治县县城约40千米。老寨村形成于明末时期，为普头河流域最早形成的村落，因此名为"老寨"。老寨村地形主要为山地和丘陵，建筑集中建于山间河谷地带，村落建筑依山体等高线层层密布。老寨村包括老寨、平盘、孟龙三个自然团寨，是典型的山麓型侗寨。截至2023年，老寨村户籍人口1399人，常住人口965人，村民以谷物种植、水果种植、中草药种植为主。该村于2019年被住房和城乡建设部列入第五批中国传统村落名录。村中多座吊脚楼民宅保存较好，体现了传统吊脚楼建筑风貌。因此，本次研学选在该村。

2. 核心概念

（1）景观。景观包括自然和人文景观，一般意义上是指一定区域呈现的景象，即视觉效果。

（2）人地关系。人类和自然环境在人文生态系统中是相互依存、相互制约的两大要素。

（3）建筑形式。建筑形式按照建筑主要承重构件、所用材料、构筑及组合形式、受力特点等进行划分，如吊脚楼为干栏式建筑。

（4）建筑布局。建筑布局主要指居住建筑、公用建筑等功能性建筑在空间上的排列分布和组合形式。

（5）植被。植被指某一地区所覆盖的植物群落。依植物群落类型，可分为草甸植被、森林植被等。

3. 研学前准备

教师以吊脚楼为切入点，考察老寨村可供开发利用的研学资源，确定初步研学活动方案后，编制研学手册并发放至学生。手册里应包含研学背景相关资料，如吊脚楼的历史渊源、老寨村建筑分布图等，帮助学生在研学开始前熟悉研学村落背景，激发学生的热情和好奇心，明确研学目的和任务。

4. 教学材料

老寨村全景展示视频、老寨村遥感影像图、吊脚楼模型制作材料包、形色植物识别软件、老寨村现有研学资源。

教学设备：希沃白板、多媒体课件、研学手册、研学评价表。

5. 教学建议

教学重点：建筑形式与地理环境的关系、地理要素对聚落布局的影响。

教学难点：自然要素对聚落布局、建筑建设的影响。

6. 活动要求

1）文明纪律

服从安排，准时守约，文明礼貌，注意安全。

2）学习要求

主动提问，互动交流，及时记录，合作讨论，认真完成学习任务。

3）成果要求

（1）个人成果。

①提交一份实践报告（包括研学活动记录、心得体会、实践收获、创新构想）。

②整理一套研学活动照片集锦。

(2) 班级成果。

①发布一篇本次活动的新闻报道。

②汇总并讨论研学调查数据，撰写一份分析报告。

③编制本次活动的材料集锦（包括方案、新闻报道、个人报告、分析报告和照片集锦）。

10.2 吊脚楼教学过程

10.2.1 走进老寨村

建议用时：40 分钟

教学用具：老寨村全村

活动流程：

教学环节	教师活动	学生活动	设计意图
情景导入	**案例呈现：** 老寨村始建于明代。村落被善龙岭环抱，普头河从寨前缓缓流过。村落整体呈现"两山夹一水"的格局，属于典型的山麓型村落选址类型。建筑依山建于山间河谷地带。 图 10.1 老寨村 **布置任务：** 1. 根据学生自行收集的老寨村等高线地形图、建筑布局图、实景航拍图、卫星图等，分析老寨村的环境格局。 2. 跟随熟悉村内环境的导游、村民等，参观游览村落的自然风光和特色建筑，并拍照记录。 3. 依据资料，结合自身观察，绘制老寨村的环境格局图。 4. 分析老寨村老寨、平盘、孟龙三个自然团寨的布局形态，猜想其未来的扩张方向。	学生思考、讨论任务，拍照记录，绘制地图	通过搜集和整理资料，学生初步建立对老寨村的认识，为进一步加深印象建立基础。 在参观游览老寨村整个村落风光的过程中，学生在无形中加深了对民族传统村落的认识，感受其特有魅力

续表

教学环节	教师活动	学生活动	设计意图
探究新知	提出问题： 1. 老寨村先祖选择在此定居的原因是什么？ 2. 影响聚落选址的地理要素有哪些？哪些要素影响更大？ 3. 老寨村的布局形态呈现怎样的特点？ 4. 影响聚落布局形态的要素有哪些？ 5. 老寨村未来的扩张方向是怎样的？ 引导思考： 自然环境、风水观念、聚落分布与形态	学生回答影响聚落选址和布局的因素主要有地形、水源、气候、植被等自然地理要素。 学生讨论并回答问题	地图是地理的第二语言。通过识图、读图、析图、绘图等过程，提高学生的地理综合能力。 通过聚落形成的条件、聚落形态的影响因素来一步步探究聚落与自然环境的关系，符合学生的认知规律
课堂小结	老寨村坐西朝东，靠山面水，三山环抱，普头河绕寨而行。村落既便于生活，又隐于山林；依山傍水，符合村民的生产生活需求；在古时有较好的隐蔽及防御功能。旧时为抵御土匪、强盗入侵，原村落周边建造有寨墙和寨门，使村落易守难攻，体现了村落的防御功能。团寨内的建筑群落依山势地貌，顺应地形蜿蜒起伏、曲折有致，形成孟龙、老寨、平盘三个建筑聚落，并与自然环境相互交融。影响聚落形成和布局形态的因素包括自然和人文两大方面，指导学生不要忽视人文因素的影响	学生归纳影响聚落形成和布局形态的因素，教师做补充	学生自行总结影响因素，教师在适当时机给予指导，解答疑惑，做好补充，帮助学生理清知识逻辑
研学评价	完成并提交"研学评价单"		全面地评估学生的学习和发展情况，提升学生的自我认知和相互学习能力

10.2.2 初识吊脚楼

建议用时：40分钟

教学用具：吴显模宅

活动流程：

教学环节	教师活动	学生活动	设计意图
情景导入	**案例呈现：** 吴显模宅位于老寨团寨北部，始建于20世纪40年代，为三层纯木结构建筑，建筑平面形制为"七"字形。建筑面积为478平方米，占地面积为159平方米。建筑基础使用石块堆砌，建筑主体由木柱、木枋、木梁横竖穿插，通过榫卯连接，不用铁钉铁铆但结构坚固。一、二层墙体材质均为木板，一层用于堆放杂物和圈养家禽家畜，二层则是居住场所，三层为开敞空间。建筑保留了传统木门和木窗，木窗结构简单无雕花，屋顶为重檐歇山小青瓦屋面。 图10.2　吴显模宅 **布置任务：** 1. 事前搜集资料，了解吊脚楼这类干栏式建筑在我国的建造历史，绘制简易的吊脚楼示意图。 2. 实地参观老寨村的经典民居建筑吴显模宅，了解当地吊脚楼的基本结构、实际用途，仔细观察各楼层、各房间的布局以及建造样式，拍照记录。进一步感受和认识古人复杂、精湛的建造技艺。 3. 采访当地村民，调查老寨村吊脚楼的建设思路和具体使用情况，思考总结吊脚楼的建造形式与当地自然环境和村落民俗风情的关系	学生思考并讨论任务，拍照记录并绘制示意图	学生通过事前搜集资料和实地感受吊脚楼这一典型民居建筑的魅力，有利于培养学生的民族情怀。 在实地参观吊脚楼的结构和用途后，通过绘制简单示意图的方法，帮助学生更加形象直观地认识到吊脚楼的特点
探究新知	**提出问题：** 1. 干栏式建筑有什么特点？其起源最早能追溯到什么时期？ 2. 吴显模宅共有几层，每一层主要的用途是什么？ 3. 吴显模宅建筑形式有什么特征？主要使用什么建筑材料？ 4. 你认为吊脚楼的优势是什么？有无不足之处和可以创新、改进之处？ **引导思考：** 建筑形式、建筑材料、优势与不足	学生讨论并回答问题	通过采访村民，了解吊脚楼的建设思路和使用情况，学生能够切身体会到地理与建筑息息相关，促进学生对地理问题的思考

第 10 章　吊脚楼：长了"脚"的房子　　·85·

续表

教学环节	教师活动	学生活动	设计意图
课堂小结	侗族吊脚楼多为杉木结构的干栏式建筑，有悬山式屋顶，屋顶盖青瓦或杉皮。吊脚楼为三层，楼板以下为"底层"，顶棚为"楼层"，中间层为"住层"。底层养家禽牲畜、堆放家具杂物和安放石碓，厨房也可设于此层。住层设置卧室，这是住宅的主要空间。楼层用于储存粮食，也可设置卧室	学生汇报自己的发现，学生与教师共同总结并归纳	学生踊跃发言，讲述调查所见，教师总结吊脚楼建造形式和各楼层用途
研学评价	完成并提交"研学评价单"		全面评估学生的学习和发展情况，提升学生的自我认知和相互学习能力

10.2.3　解密吊脚楼

建议用时：40 分钟

教学用具：吴国雄宅

活动流程：

教学环节	教师活动	学生活动	设计意图
情景导入	**案例呈现：** 吴国雄宅位于老寨团寨西部，建于 20 世纪 80 年代，为三层纯木结构建筑。建筑面积为 300 平方米，占地面积为 117 平方米。建筑基础使用石块堆砌而成，建筑主体为四开间，大木作为三柱七瓜形式。建筑主体结构由木柱、木枋、木梁组成，上下横竖穿插，通过榫卯连接。建筑外墙墙体材质均为木板。建筑一层用于堆放杂物、柴火等；二层为居住场所，部分空间墙体只围合半截，作为开敞式廊道空间；三层为阁楼。建筑保留了传统的木门和木窗，屋顶为歇山式青瓦屋顶，第二层独立设置小披檐，为行人及木构架遮雨。 图 10.3　吴国雄宅	学生思考、讨论任务并拍照记录	通过分析老寨村的地形和地势、气候条件、植被特征等因素，进一步认识到民居建筑与地理环境的关系，培养学生的综合思维

续表

教学环节	教师活动	学生活动	设计意图
情景导入	**布置任务：** 1. 利用形色植物识别软件，拍摄识别吴国雄宅附近森林树木的主要品种。小组合作，采集树木下的土壤样本，调查这些树木的生长环境条件以及品种特征。 2. 观察并思考气候条件和地形变化对建设吊脚楼的影响。 3. 根据教师发放的研学材料，结合参考图和实际观察，小组合作制作吊脚楼模型	学生思考、讨论并制作模型	通过小组合作完成吊脚楼模型的制作，提高学生的团队意识和合作能力
探究新知	**提出问题：** 1. 用于建造吊脚楼的树木品种是什么？ 2. 适合这种树木生长的环境条件是什么？ 3. 地形地势对吊脚楼的建设有什么影响？ 4. 吊脚楼这一建筑形式分布地区的气候有怎样的特点？ 5. 吊脚楼这一建筑形式有怎样的特点和作用？ **引导思考：** 建筑形式、建筑材料、地形地势、气候条件	学生讨论并回答问题	通过实地观察和模型制作，学生能够更好地理解建筑结构的设计与应用，理解吊脚楼建筑形式是为适应当地地理环境，领略民族特色建筑之美
课堂小结	侗族吊脚楼以原木为柱，凿榫穿枋衔接成整体骨架，楼板和壁板用开槽相拼接，具有较好的稳定性。吊脚楼一般靠山顺势而建，适应地形变化，这种情况下需要处理的地基范围小，减少了对地表的破坏。对气候的适应性方面，吊脚楼采用了底层架空形式，能更好地适应当地潮湿闷热的环境，利于通风散热、防潮、排水，同时避免蛇虫。吊脚楼楼下架空、楼上居住的建筑形式被现代建筑学家誉为"最佳的生态建筑形式"	学生和教师一起总结并归纳	学生利用自己制作的吊脚楼模型分析其建筑形式与地理环境的关系
研学评价	完成并提交"研学评价单"		全面评估学生的学习和发展情况，提升学生的自我认知和相互学习能力

10.3 吊脚楼研学评价

教师鼓励学生大胆展示自己的研学成果，如吊脚楼简笔画、吊脚楼模型、老寨村照片集锦、调研报告等，教师和全班学生对各小组成果打分。为了确保评价的准确性、公平性，还需建立对应的评价指标体系，为此采用学生自评、互评和师评相结合的方式，全面评估学生的学习和发展情况，提升学生的自我认知和相互学习能力。

评价方式	评价项	评价内容	自评(30%)	互评(30%)	师评(40%)	研学成绩
过程性评价	政治思想道德（5分/条）	热爱祖国、有坚定的政治立场				
		有较强的文化认同和民族自信				
		诚实守信、尊重当地风俗习惯、保护环境				
	知识学习能力（5分/条）	掌握相关的哲学观点、正确的区域认知和人地协调观				
		查阅相关文献，掌握区域认知的学习方法				
		自主分析总结教师提出的各种问题				
	创造性思维和实践技能（5分/条）	独立提出独特且有创新性的观点				
		掌握获取和处理信息的方法和手段				
		掌握绘制地图的标准和技能				
		掌握实践操作流程				
	体能与自我管理能力（5分/条）	较强的身体素质、反应灵活，较快适应当地环境				
		有毅力和恒心，积极参与研学实践				
		遵守纪律，保持良好的生活习惯				
	艺术鉴赏兴趣与能力（5分/条）	积极参与研学中非物质文化遗产技艺的直接体验				
		对艺术作品的形式、风格和意义有自己的理解和感受				
总结性评价	表达交流能力（5分/条）	良好的沟通交流能力，有团队协作意识				
		积极参与小组讨论，分享想法、集思广益、互相激发创意				
		充分利用文字、绘图或其他方式表达自己的情感				
	成果展示能力（5分/条）	报告内容完整、表述准确、图片丰富				
		使用PPT、视频、音频等工具展示成果				

第 11 章　萨坛：侗族的部落保护神位

11.1　萨坛课程设计

11.1.1　萨坛设计意图

　　侗族是一个具有深厚文化底蕴的民族，其独特的部落文化、信仰、习俗等都是中华民族文化的重要组成部分。通过学习萨坛这一侗族的部落保护神位，学生将更深入地了解萨坛在侗族人民心中的重要地位，以及萨坛所代表的侗族人民的信仰、价值观和文化传统。

　　本课程设计的核心意图是通过传授知识、培养能力和塑造价值观等多个方面，让学生深入了解和体验侗族的部落文化，从而增强学生的文化自信和认同感。课程设计旨在培养学生的文化欣赏能力，让学生能够感受到侗族文化的独特魅力和价值。通过萨坛这一主题，学生将接触到侗族的史诗、音乐、舞蹈、建筑等多种艺术形式，从而激发学生对传统文化的热爱和尊重。

　　课程设计也注重培养学生的研究能力。通过学习一定的研究方法，学生能够深入研究和探索侗族文化，为保护和传承侗族文化作出贡献。通过组织学生进行小组讨论、合作调研等活动，鼓励学生互相学习、分享观点，提高团队协作能力。通过与教师和其他同学交流，学生将学会如何表达自己的观点和见解，提高沟通能力。通过课程的学习，学生将更好地理解和尊重传统文化，提高研究能力和团队协作能力，为全面发展提供有力的支持。

　　课程领域：交通、建筑、文化保护

　　适用年级：中学

　　建议课时：3 课时

11.1.2　萨坛教学目标

　　萨坛是侗族传统文化的重要组成部分。本课程的教学目标是让学生深入了解文化根源和传统，培养学生的文化自觉和文化自信。

　　1. 人地协调观

　　(1) 侗族人民通过祭祀祖先和神灵，祈求风调雨顺、五谷丰登、人丁兴旺。这种信仰活动强调人与自然的和谐共生，体现了侗族人民对自然环境的尊重和保护。

（2）侗族人民祭祀祖先的内容还包括保护自然环境，如植树造林、保护水源等。学生以此理解人地协调发展的重要性。

2. 综合思维

（1）能够简单分析萨坛的修建对当地人们生活产生的影响。

（2）能够结合皇都村规划图，简单分析萨坛的分布特点，并分析该分布特点对区域发展产生的影响。

3. 区域认知

（1）能够简要分析区域自然环境对当地环境格局及布局的影响。

（2）能够简要分析地域文化的特点及形成原因。

4. 地理实践力

对皇都村萨坛的时空变化实施社会调查，并简要分析萨坛的时空变化对该区域发展带来的影响。

11.1.3 萨坛教学准备

1. 确定研学地点

本次研学选取的地点位于通道侗族自治县坪坦乡的皇都村。该村是南部侗族聚居区典型的传统村落，由新寨、头寨、尾寨、盘寨4个侗族村寨组成。该村自1995年正式成立以来，先后入选了中国传统村落名录、全国文明村镇和湖南省首批风情文化旅游小镇，是湘西南少数民族地区传统村落的典型代表。

2. 核心概念

（1）萨坛。萨坛这是侗族萨教的核心，意为"祭坛"或"圣坛"，是侗族人民祭祀祖先和自然神灵的地方。通常由土堆或土石堆构成，上面插有黄杨树枝和伞，有时还放置萨的日常用品，如扇子、衣裙等。

（2）萨岁。萨岁又称萨柄，是侗族萨坛中的重要神祇，被视为护佑村寨平安、人丁兴旺的至高无上的神。

（3）祭萨仪式。广义上祭萨仪式包括接萨、安萨和祭萨三个部分，是侗族萨教的核心活动。

（4）土堆或土石堆。萨坛通常是由土堆或土石堆构成的，体现了侗族人民对土地的崇拜和依赖。

（5）室内或室外。萨坛可以建于室内，也可以建于室外，取决于当地的环境和条件。

（6）建萨坛。在侗族地区，每当新建村寨时，都要先建萨坛，再建房屋，体现了侗族人民对祖先和神灵的敬畏和尊重。

3. 教学材料

皇都村相关视频、板贴、遥感影像图、展板、皇都村现有教学资源。

教学设备：希沃白板、研学手册、研学评价表。

4. 教学建议

教学重点：地域文化的特征。

教学难点：地域文化对区域的影响。

5. 活动要求

1）文明纪律

服从安排，准时守约，文明礼貌，注意安全。

2）学习要求

掌握核心概念，提高自我学习、合作探究的能力。

3）成果要求

（1）个人成果。

①完成资料整理并提交一份实践报告（包括活动概述、实践收获、创新构想）。

②整理一套研学活动照片集锦。

（2）班级成果。

①发布一篇本次活动的新闻报道。

②汇总并讨论研学调查数据，撰写一份分析报告。

③形成本次研学活动的材料汇编（包括方案、新闻报道、个人报告、分析报告和照片集锦）。

11.2 萨坛教学过程

11.2.1 初识萨坛

建议用时：40分钟

教学用具：皇都村萨坛景观

活动流程：

教学环节	教师活动	学生活动	设计意图
情景导入	**案例呈现：** "萨"即"萨岁""萨玛"，在侗语中意即"老祖母""始祖母"，是我国湘、桂、黔三省（区）毗邻地区侗族宗教信仰中的女性神祇，也是护佑侗寨的最高保护神。侗族人认为"萨"无处不在，无所不能。各个侗寨都设有祭祀用的"萨坛"，在每年新春和重大节庆活动时都会举行祭萨活动。 图 11.1　皇都村萨坛（后附彩图） **布置任务：** 请同学们以小组为单位重点观察萨坛的特点，分享自己的心得体会	学生思考并讨论萨坛相关内容	培养学生学以致用、关注社会生活的意识
探究新知	**提出问题：** 1. 萨坛的起源和历史是什么？ 2. 萨坛在侗族文化中的地位和作用是什么？ 3. 萨坛的祭祀仪式和流程是什么？ 4. 萨坛的建筑和内部设施有哪些？ **引导思考：** 自然环境、风水观念、民俗崇拜	学生讨论并回答问题	参观游览皇都村的自然风光和萨坛，能够帮助学生形成领略美、欣赏美、创造美的眼光和意识，培养学生的民族情怀
课堂小结	我们一起来总结萨坛的初识印象	学生与教师共同归纳并总结	帮助学生构建知识树，巩固新知
研学评价	完成并提交"研学评价单"		全面地评估学生的学习和发展情况，提升学生的自我认知和相互学习的能力

11.2.2　萨坛的营造

建议用时：40 分钟

教学用具：皇都村萨坛景观

活动流程：

教学环节	教师活动	学生活动	设计意图
情景导入	**案例呈现：** 萨坛是用于祭祀侗族女神萨岁的地方。萨坛的样式因地而异，有的只建露天的圆丘，有的还会加盖木屋或砖瓦房，甚至四面修砌围墙，建成萨堂。萨坛的丘台多是用鹅卵石砌成的一个直径约3米、高度为1~3米的圆丘土包，少数的丘台会建成四边形。平日里，不许闲杂人员随便进入萨坛。 **布置任务：** 请同学们以小组为单位，走进萨坛，重点观察萨坛的营造技艺，并分享自己的心得体会	学生思考并讨论萨坛的营造特征	通过分析萨坛的建造特征，引导学生认识萨坛文化的重要性，激发学生的学习欲望
探究新知	**提出问题：** 1. 萨坛的选址和布局有什么要点？ 2. 萨坛的建筑风格和材料有哪些？ 3. 萨坛内部设施的布置特点和意义是什么？ 4. 萨坛的建造过程中，侗族人民会请哪些专业人员进行设计和施工？ 5. 萨坛的建造过程中，侗族人民会使用哪些传统技术和工具？ 6. 萨坛的建造过程中，侗族人民会遵循哪些信仰和仪式？ 7. 萨坛对于侗族人民来说有什么意义和作用？ 8. 萨坛与侗族文化和其他传统文化有何关联？ 9. 萨坛在现代社会中的发展和变化是什么？ **引导思考：** 建造萨坛是侗族文化传承的重要方式。建造萨坛不仅是一种信仰活动，更是一种文化传统。在建造过程中，侗族人民会使用当地的材料和技艺，注重与自然的和谐相处，减少对自然资源的破坏和浪费。同时，萨坛的建筑风格和装饰也体现了侗族文化的独特性和多样性，可以吸引更多的游客前来参观和了解侗族文化	学生依据问题引导实地考察，形成结论。 学生讨论交流后进行成果展示	小组合作的方式培养了学生的集体意识，有利于集思广益
课堂小结	萨坛对于南部侗族地区来说具有重要意义。它不仅是侗族人民信仰的象征，也是侗族文化传承的重要方式，促进了群体内部的交流和合作。通过营造萨坛，侗族人民可以保留和传承本民族的传统文化，加强群体内部的交流和合作，为群体的和睦相处和经济繁荣作出贡献	学生与教师共同归纳并总结	帮助学生构建知识树，巩固新知
研学评价	完成并提交"研学评价单"		全面评估学生的学习和发展情况，提升学生的自我认知和相互学习能力

11.2.3 萨坛的保护

建议用时：40分钟

教学用具：皇都村萨坛景观

活动流程：

教学环节	教师活动	学生活动	设计意图
情景导入	**案例呈现：** 我国在侗族聚居的地区建立了多个侗族文化生态保护区，旨在保护侗族文化的生态环境，包括萨坛在内的各种传统文化。这些保护区通过制定相关规定和措施，确保侗族文化的传承和发展。侗族萨坛作为祭祀场所，一些地区对其实施了保护措施，包括修缮历史建筑、规范宗教活动等，以确保萨坛的完整和存续。 **布置任务：** 请同学们以小组为单位，以"萨坛"为主题访谈皇都村村民	学生对当地居民开展访谈调查，形成访谈报告	增强学生的民族自信心，激发学生对侗族文化的兴趣
探究新知	**提出问题：** 1. 如何确保萨坛传统技艺的传承和发展？如何培养新一代的传承人？ 2. 如何保护萨坛的建造材料和技艺，防止过度开发和破坏？ 3. 如何加强萨坛文化与其他民族文化的交流与融合，促进文化多样性发展？ 4. 如何提升萨坛的旅游价值和吸引力，为当地经济和文化发展作出贡献？ 5. 如何加强群体参与和合作，共同推进萨坛的传承与保护工作？ 6. 如何建立有效的政策和法规，为萨坛的传承与保护提供保障和支持？ 7. 如何开展萨坛文化的研究和学术交流，深入挖掘和传承萨坛文化的内涵和价值？ 8. 如何应对现代社会和文化变迁的挑战，保持萨坛文化的活力和生命力？ **引导思考：** 萨坛是侗族文化的重要组成部分，是侗族历史文化的载体和见证。保护萨坛就是保护侗族文化的根基，传承和弘扬侗族的历史文化	学生讨论并回答相关问题	引导学生开展实地调查，学以致用解决实际生活中的地理问题。提高学生的地理实践能力，增强学生的综合思维能力
课堂小结	萨坛是侗族人民民族认同感的重要体现，保护萨坛有助于加强侗族人民的民族认同感，促进民族团结。我们一起来总结风雨桥的功能	学生与教师共同归纳总结	帮助学生构建知识树，巩固新知
研学评价	完成并提交"研学评价单"		全面评估学生的学习和发展情况，提升学生的自我认知和相互学习能力

11.3 萨坛研学评价

在研学活动结束后，教师鼓励学生以小组为单位大胆展示自己的研学成果，如萨坛简笔画、萨坛模型、萨坛照片集锦、调研报告等，教师和全班学生对各小组成果进行打分。为了保证评价的准确性、公平性，还需建立对应的评价指标体系，采用学生自评、互评和师评相结合的方式，全面地评估学生的学习和发展情况，并促进学生的自我认知和相互学习能力。

评价方式	评价项	评价内容	自评(30%)	互评(30%)	师评(40%)	研学成绩
过程性评价	政治思想道德（5分/条）	热爱祖国，有坚定的政治立场				
		有较强的文化认同和民族自信				
		诚实守信，尊重当地风俗习惯，保护环境				
	知识学习能力（5分/条）	掌握相关的哲学观点，树立正确的区域认知和人地协调观				
		查阅相关文献，掌握区域认知学习方法				
		自主分析解决教师提出的各种问题				
	创造性思维和实践技能（5分/条）	独立提出独特且有创新性的观点				
		掌握获取和处理信息的方法和手段				
		掌握绘制地图的标准和技能				
		掌握实践操作流程				
总结性评价	体能与自我管理能力（5分/条）	较强的身体素质、反应灵活，较快适应当地环境				
		有毅力和恒心，积极参与研学实践				
		遵守纪律，保持良好的生活习惯				
	艺术鉴赏兴趣与能力（5分/条）	积极参与研学中非遗技艺的直接体验				
		对艺术作品的形式、风格和意义有自己的理解和感受				
	表达交流能力（5分/条）	良好的沟通交流能力，有团队协作意识				
		积极参与小组讨论、分享想法、集思广益、互相激发创意				
		充分利用文字、绘图或其他方式表达自己的观点				
	成果展示能力（5分/条）	报告内容完整、表达准确、图片丰富				
		使用PPT、视频、音频等工具展示成果				

第 12 章　风雨桥：不可思议的桥梁

12.1　风雨桥课程设计

12.1.1　风雨桥设计意图

　　侗族拥有三大宝，分别是大歌、鼓楼和风雨桥。其中，风雨桥是侗族独有的建筑类型，在贵州、湖南、广西、湖北等地分布广泛。风雨桥是侗族乃至中国最具代表性的桥梁之一，在全世界享有很高声誉。风雨桥是在现代科技尚未发展的条件下建造的，展示了古代侗族人民丰富的工程技术知识和构造智慧。风雨桥采用木质材料并利用榫卯连接方式，具有出色的抗洪能力和适应自然环境的优势。风雨桥通常修建在侗族村寨两岸的溪流上，是连接不同村寨的重要通道。它既是交通工具，也是人们进行社会交往和商业文化交流的场所，涉及传统建筑技艺、木雕工艺、传统音乐舞蹈等方面的技能传承和文化教育。在风雨桥上举行的农事活动、庆典和文化表演等，增进了村寨之间的合作和联系，维系了侗族文化的传承和发展。风雨桥的设计与施工考虑了对自然环境的尊重和保护。桥梁的搭建通常不需要浇筑混凝土或破坏河道，水流可以自由通过，有利于保持生态平衡和生物多样性。

　　本课程通过设计和开展与风雨桥相关的系列活动，让学生了解风雨桥的设计原理和文化背景，培养学生的团队合作能力和创新思维。

　　课程领域：交通、建筑、文化传承

　　适用年级：中学

　　建议课时：3 课时

12.1.2　风雨桥教学目标

　　以小组为单位，小组长根据研学手册内容结构，安排小组成员调查相应内容并进行资料整合。在实地研学前，引导学生观看介绍侗族风雨桥的视频或图片，帮助学生了解研学点背景，包括风雨桥的历史发展和文化背景，侗族的生活习惯、建筑技术、民间艺术，风雨桥的设计和构造原理，木结构工程的特点和优缺点，风雨桥对于社会、文化、生态和经济的重要意义，激发学生的热情和好奇心，明确以下研学目标：

1. 人地协调观

（1）结合风雨桥的建筑特点，简要分析人类利用自然、改造自然的智慧所在。

（2）能够结合皇都村交通运输方式和布局的发展变化，阐述其与人类活动和地理环境的关系，理解人地协调发展的重要性。

2. 综合思维

（1）基于给定区域，归纳风雨桥的特点，从多个方面分析营造风雨桥的影响因素。

（2）能够结合皇都村交通运输布局发展变化图，简单分析该区域交通运输的发展变化特点，并分析该变化对区域发展产生的影响。

3. 区域认知

（1）结合区域自然环境，分析当地的环境格局和建筑选材及布局。

（2）结合自然环境，指出城乡景观对地域文化的反映。

4. 地理实践力

利用遥感图像等地理信息技术手段和其他地理工具，深入调查皇都村交通运输布局的时空变化。

12.1.3 风雨桥教学准备

1. 确定研学地点

通道侗族自治县位于湖南省怀化市南端，黔、湘、桂三省（区）交界处，是通往中国西南地区的要道。本次研学地点位于通道侗族自治县坪坦乡的皇都村。该村是南部侗族聚居区典型传统村落，由新寨、头寨、尾寨、盘寨4个侗族村寨组成。该村自1995年正式成立以来，先后入选中国传统村落名录、全国文明村镇和湖南省首批风情文化旅游小镇，是湘西南少数民族地区传统村落的典型代表。

2. 核心概念

（1）地域文化。地域文化是指特定的地域范围内，经过长期历史积淀、社会演化和文化创造而形成的具有特点的文化形态。

（2）景观。景观是指一个地区的自然景观和人文景观的总和，包括自然风光、文化遗产、历史遗迹等。

（3）运输。运输是指借助某种工具移动人与物的活动。现代常见的地表运输工具有非机动车和机动运输工具。

（4）交通。交通是指人与物在地点之间沿着某些线路，按照某种规则进行空间移动的活动。广义的交通还包括通信，与之关联的线路是通信光缆、电话线、无线电频道等。

（5）交通布局。交通布局是指交通线路和场站、码头等交通场站的布局。

3. 教学材料

教学资源：皇都村相关视频、板贴、遥感影像图、超轻黏土、木材、展板。

教学设备：希沃白板、研学手册、研学评价表。

4. 教学建议

教学重点：地域文化的特征；交通运输方式和布局对区域发展的影响。

教学难点：地域文化对区域的影响；交通运输方式和布局与区域发展的关系。

5. 活动要求

1）文明纪律

服从安排，准时守约，文明礼貌，注意安全。

2）学习要求

掌握核心概念，提高自我学习、合作探究能力。

3）成果要求

（1）个人成果。

①完成资料整理并提交一份实践报告（包括活动概述、实践收获、创新构想）。

②整理一套研学活动照片集锦。

（2）班级成果。

①发布一篇本次活动的新闻报道。

②汇总并讨论研学调查数据，撰写一份分析报告。

③形成本次研学活动的材料汇编（包括方案、新闻报道、个人报告、分析报告和照片集锦）。

12.2 风雨桥教学过程

12.2.1 初识风雨桥

建议用时：40分钟

教学用具：皇都村普修桥景观

活动流程：

教学环节	教师活动	学生活动	设计意图
情景导入	**案例呈现：** 侗族主要聚居于我国西南地区东缘，西属云贵高原苗岭山脉，海拔 300～2000 米。侗族的产业主要以农业为主，其中林业以出产优质杉木而著称。侗族聚居区域属于亚热带季风湿润区，受山高谷深影响，内部气候呈现垂直分布，区域内部气候差别极大，甚至有"一山有四季，十里不同天"的说法。 图 12.1 皇都村普修桥景观 **布置任务：** 请同学们以小组为单位，重点观察皇都村普修桥的特点，分享自己的心得体会	学生思考并讨论规划内容	锻炼学生沟通交流、搜集和整合信息的能力
探究新知	**提出问题：** 1. 我们从学校出发到皇都村，主要乘坐什么交通工具？ 2. 侗族人民居住在地势较高的偏远山区，他们怎样和外界联系？是否所有的联系都需要借助交通工具实现？ 3. 交通运输有哪几种方式？历史上皇都村的交通运输方式发生了哪些变化？ 4. 地域间联系的方式只有交通运输吗？ 5. 影响交通运输布局的因素有哪些？这些因素是否也在影响着地域联系？ 6. 皇都村主要的交通运输方式有哪些？ 7. 风雨桥属于一种交通媒介吗？风雨桥的建造主要受到哪些因素的影响？ **引导思考：** 自然环境、风水观念、民俗崇拜	学生思考并回答五种主要的交通运输方式。 学生讨论并回答问题	帮助学生形成领略美、欣赏美、创造美的眼光和意识，培养学生的民族情怀
课堂小结	风雨桥，是如今我们对覆有廊屋的桥梁的通用称呼，这种称呼来源于它遮风避雨的功能。皇都村普修桥始建于清代乾隆年间，毁于洪水后进行重修、复修，现为怀化市市级重点文物保护单位。我们一起来总结风雨桥的初识印象	学生与教师共同归纳总结	帮助学生构建知识树，巩固新知

教学环节	教师活动	学生活动	设计意图
研学评价	完成并提交"研学评价单"		全面评估学生的学习和发展情况，提升学生的自我认知和相互学习能力

12.2.2 风雨桥的营造

建议用时：40 分钟

教学用具：皇都村普修桥景观

活动流程：

教学环节	教师活动	学生活动	设计意图
情景导入	**案例呈现：** 风雨桥通常由亭阁、长廊、木结构的桥身和巨大的石墩组合而成，主要建筑材料为木料，仅靠凿榫衔接，横穿竖插，不用一钉一铆。风雨桥的建造技艺体现了当地村民的工匠精神。皇都村的内部空间结构也充分体现了侗族人民顺应自然、人与自然和谐发展的理念。不同的自然环境和人类活动造就了我国乡村的多样化景观，留下了丰富的文化资源。 图 12.2　皇都村普修桥近景（后附彩图） **布置任务：** 请同学们以小组为单位，走进普修桥，并重点观察普修桥的建造技艺，分享自己的心得体会	学生思考并讨论风雨桥的特征	通过分析普修桥的自然环境与建筑作用，帮助学生认识皇都村的环境特点，培养学生的区域认知和人地协调观

续表

教学环节	教师活动	学生活动	设计意图
探究新知	**提出问题：** 1. 风雨桥由哪几部分组成？ 2. 风雨桥的外观有什么特征？反映了怎样的地域文化？ 3. 皇都村的空间布局体现了怎样的文化背景？ 4. 在了解传统风雨桥的基础上，如何改进和创新这种建筑？如何运用现代材料和技术，提高风雨桥的耐久性和安全性？请从适应当代交通需求等方面进行设计改造。 **引导思考：** 风雨桥的坚固程度并不亚于石桥和铁桥。风雨桥虽然历经风雨，依然横跨溪河，傲立苍穹，绵延百年而不损。皇都村的风雨桥，不仅具有交通媒介的用途，还反映了当地的文化意蕴和审美情趣	学生实地考察，收集不同种类的木料和竹子，并比较它们的差异。学生可以用纸板、竹子等材料搭建实物，或者使用计算机软件进行虚拟构建。学生讨论交流后进行成果展示	小组合作的方式培养了学生的集体意识，有利于集思广益。 提高学生的地理实践能力，引导学生关注乡村发展，增强学生的家国认同感和使命感
课堂小结	风雨桥被称作令人难以想象的公路桥梁之一，其营造应坚持保护为先，人与自然和谐共生，构建人与自然生命共同体。我们一起来总结风雨桥的营造技艺。	学生与教师共同归纳并总结	帮助学生构建知识树，巩固新知
研学评价	完成并提交"研学评价单"		全面评估学生的学习和发展情况，并提升学生的自我认知和相互学习的能力

12.2.3 风雨桥的功能

建议用时：40 分钟

教学用具：皇都村普修桥景观

活动流程：

教学环节	教师活动	学生活动	设计意图
情景导入	**案例呈现：** 风雨桥不仅是重要的交通设施，也是侗族人民美好愿望的体现，是侗寨标志性建筑之一。为了保护侗寨和拦截风水，风雨桥被建在侗族村寨下游。 **布置任务：** 请同学们以小组为单位访谈皇都村村民，并详细记录访谈过程，访谈后进行资料整理	学生展开访谈，并形成访谈报告	增强学生的民族自信心，激发学生对侗族文化的兴趣

续表

教学环节	教师活动	学生活动	设计意图
探究新知	提出问题： 1. 风雨桥建在侗族村寨下游的主要目的是什么？ 2. 普修桥的功能主要体现在哪些方面？ 3. 侗族人民居住在地势较高的偏远山区，他们怎样和外界联系？是否所有的联系都需要借助交通工具来实现？ 4. 生活在皇都村这座富有侗乡韵味的村寨，旅游开发对当地居民产生了哪些影响？ 5. 如果你是皇都村规划的决策者，你会如何规划皇都村的未来发展？ 引导思考： 1. 交通连接：风雨桥的首要功能是提供便捷的交通连接方式，使行人、自行车、摩托车等能够安全地穿越河流、溪流或其他地形障碍。风雨桥为孤立的村庄、山区、农田等地提供了重要的交通通道。 2. 抵御恶劣天气：风雨桥得名于其特殊的设计，可以抵御风雨和其他恶劣天气条件。风雨桥通常采用倾斜的屋檐和围栏等结构，为过往行人遮风挡雨，确保行人在大雨或风雪天气中能够相对舒适地通行。 3. 文化传承：风雨桥有着深远的历史和文化意义，常常作为举行传统民俗活动，如集会、娱乐和庆典的场所。同时，风雨桥也是地方文化的体现和传承，体现了民族建筑艺术和工艺技巧。 4. 建筑美学：风雨桥以其独特的建筑风格和艺术价值而闻名。它们通常由木材、竹子等天然材料，通过凿榫衔接的方式构建，展现出侗族人民精湛的建筑工艺和传统技艺。风雨桥的造型、雕刻和装饰元素体现了地方文化的审美观，成为一种独特的建筑艺术形式	学生讨论并回答问题	引导学生开展实地调查，学以致用解决生活中的地理问题。提高学生的地理实践能力，增强学生的综合思维能力
课堂小结	风雨桥是侗寨特有的景观，也是特色民俗风情的标本。更重要的是风雨桥体现了人类与自然地理环境和谐共生的景象，是典型的建筑艺术品。我们一起来总结风雨桥的功能	学生与教师共同归纳并总结	帮助学生构建知识树，巩固新知
研学评价	完成并提交"研学评价单"		全面评估学生的学习和发展情况，并提升学生的自我认知和相互学习的能力

12.3 风雨桥研学评价

本次研学活动以过程性评价为主,总结性评价为辅。

评价方式	评价项	评价内容	自评(30%)	互评(30%)	师评(40%)	研学成绩
过程性评价	政治思想道德(5分/条)	热爱祖国、有坚定的政治立场				
		有较强的文化认同和民族自信				
		诚实守信、尊重当地风俗习惯、保护环境				
	知识学习能力(5分/条)	掌握相关的哲学观点,拥有正确的区域认知和人地协调观				
		查阅相关文献,掌握区域认知学习方法				
		自主分析解决教师提出的各种问题				
	创造性思维和实践技能(5分/条)	独立提出独特且有创新性的观点				
		掌握获取和处理信息的方法和手段				
		掌握绘制地图的标准和技能				
		掌握实践操作流程				
总结性评价	体能与自我管理能力(5分/条)	较强的身体素质、反应灵活,较快适应当地环境				
		有毅力和恒心,积极参与研学实践				
		遵守纪律,保持良好的生活习惯				
	艺术鉴赏兴趣与能力(5分/条)	积极参与研学中非物质文化遗产技艺的直接体验				
		对艺术作品的形式、风格和意义有自己的理解和感受				
	表达交流能力(5分/条)	良好的沟通交流能力,有团队协作意识				
		积极参与小组讨论,分享想法、集思广益、互相激发创意				
		充分利用文字、绘图或其他方式表达自己的观点				
	成果展示能力(5分/条)	报告内容完整、表述准确、图片丰富				
		使用PPT、视频、音频等工具展示成果				

第 13 章　杉树：永不枯竭的生命

13.1　杉树课程设计

13.1.1　杉树设计意图

侗族杉树又称为侗族杉，是一种具有悠久种植历史和深厚文化内涵的树种，是侗族地区特有的林木资源，它在侗族人民的生活中扮演着重要的角色。侗族杉树主要分布在黔、湘、桂等省（区）。

侗族杉树是常绿乔木，树高可达 30 米以上，树冠呈塔形或圆锥形。树皮光滑，呈灰绿色。叶子呈条形，长 1~3 厘米，宽 2~5 毫米，表面呈深绿色，背面呈淡绿色。花为单性或两性，聚生为圆锥花序或总状花序，花瓣呈淡黄色或淡绿色。果实为球形或卵形的坚果，成熟时呈褐色或深褐色。侗族杉树喜欢温暖、湿润的气候，适宜的生长温度为 15~25 ℃，适宜生长在土层深厚、土质肥沃、排水良好的土壤中，土壤 pH 在 4.5~6.5 为最佳。侗族杉树喜欢阳光充足的环境，但也能耐受一定的阴凉。

侗族杉树在生态保护方面具有重要的作用，是许多动物的食物来源和重要栖息地。侗族杉树的叶子和果实可以提供食物给多种动物，如鸟类、松鼠、猴子等。同时，侗族杉树也能给一些鸟类和昆虫提供栖息和繁殖的场所。此外，侗族杉树发达的根系可以防止水土流失，从而提高土壤肥力，对改善生态环境具有积极的作用。

侗族杉树有着丰富的文化内涵，是侗族人民的精神象征之一，被视为吉祥物和保护神。在侗族的祭祀活动中，经常使用侗族杉树作为祭品，以祈求风调雨顺、五谷丰登、人畜兴旺。同时，侗族杉树也是侗族建筑的重要材料之一，广泛应用于房屋、桥梁、祭祀场所等的建造。

然而，随着现代化进程的加速，侗族杉树的生存面临着巨大的威胁。过度砍伐和生态环境破坏导致侗族杉树的种群数量不断减少，许多地方已经失去了其踪迹。为了保护侗族杉树这一珍贵的自然资源，政府和社会各界应该采取积极的保护措施，加强宣传教育，提高公众的环保意识，限制砍伐和破坏行为，为侗族杉树的生存和发展提供有力保障。同时，通过科技手段进行繁殖和培育研究，扩大侗族杉树的种群数量，实现可持续发展。

课程领域：生态、气候、文化传承

适用年级：中学

建议课时：3 课时

13.1.2　杉树教学目标

教师实地考察、调研、收集有关适宜开展侗族杉树研学的资源。以侗族杉树为切入点，根据可供开发利用的研学资源，进行研学活动设计并编制研学手册，发放给学生，帮助学生了解此次研学的课程安排和内容结构。以小组为单位，小组长根据研学手册内容结构，安排小组成员调查相应内容并进行资料整合。

在实地研学前，引导学生观看介绍侗族杉树的视频或图片，帮助学生了解研学点的背景，包括侗族杉树生存的地理环境、地形、气候，与侗族相关的生活习惯、文化内涵，侗族的建筑艺术以及杉树作为建筑材料的优缺点，侗族杉树对于社会、文化、生态和经济的重要意义。以此激发学生的热情和好奇心，明确以下研学目标：

1. 人地协调观

（1）通过了解杉树生活的自然环境，亲身观察体验杉树生存的地形、气候、土壤、水文等生态环境，了解相关地形、气候和土壤知识，让学生更好地树立人与自然和谐相处的观念。

（2）能够结合皇都村区域杉树的生长环境、对人类生产生活的影响，阐述其与人类活动和地理环境的关系，理解人地协调发展的重要性。

2. 综合思维

（1）在参观游览过程中，思考杉树生长的自然生态环境，杉树在环境、建筑、文化等方面的特质以及对侗族人民的影响和作用，培养学生的思维深度和广度。

（2）能够结合皇都村建筑布局发展变化图，简单分析该区域的建筑布局特点，并分析形成原因。

3. 区域认知

（1）能够认识到区域自然环境对当地环境格局、建筑选材及布局的影响，从区域的角度出发认识地理事物。能够对侗族杉树生长区域的自然环境有初步认识和了解，探索侗族杉树生长区域的气候、土壤和地形等环境条件。

（2）能够从自然环境角度综合分析地域文化的特点及形成原因，能够指出城乡景观对地域文化的反映。在对侗族杉树生长的自然条件进行初步了解后，能够根据当地历史文化背景，指出侗族杉树与侗族文化的联系。

4. 地理实践力

（1）通过对村民的采访、获取信息资料、采集木材样本、制作风雨桥模型等活动，培养学生的交流沟通、信息收集、动手操作能力。通过实地考察获取侗族杉树资料，能够近距离观察侗族杉树，对侗族杉树生长的环境信息进行记录，培养学生的自主学习能力和观察能力。

（2）与他人合作，能够利用遥感图像等地理信息技术手段和其他地理工具，调查皇都村的自然环境和杉树文化，并简要阐释二者对皇都村发展带来的影响。通过小组合作，利用相机拍摄、互联网搜索和问卷调查等方法，进一步熟悉侗族杉树生长的自然和人文环境，并对该地区侗族杉树与侗族人民生产生活之间的联系进行解释。

13.1.3　杉树教学准备

1. 确定研学地点

皇都侗文化村位于湖南省怀化市通道侗族自治县坪坦乡，是一个集侗族文化、历史、民俗于一体的旅游胜地。

（1）地理位置。皇都侗文化村位于湖南省怀化市通道侗族自治县坪坦乡，是侗民族民风民俗保存得最为完整亮丽的地区之一。

（2）文化背景。皇都侗文化村由头寨、尾寨、新寨、盘寨四个村寨组成，历史悠久，是侗族文化的发源地之一。这里保留了丰富的侗族文化和历史遗产，是研究侗族历史文化的珍贵资料库。

（3）旅游景点。皇都侗文化村有许多著名的旅游景点，如普修桥、鼓楼、凉亭、风雨桥等。游客可以在这里欣赏侗族的传统建筑、服饰、歌舞等多种文化表现形式，深入了解侗族文化的魅力和独特性。

（4）民俗活动。皇都侗文化村有许多丰富多彩的民俗活动，如喝拦门酒、打油茶、唱侗歌等。这些活动是侗族人民在长期历史发展过程中形成的传统习俗，具有浓厚的民族特色和地方特色。

（5）美食体验。在皇都侗文化村，游客可以品尝地道的侗族美食，如酸汤鱼、酸辣粉、糍粑等。这些美食具有独特的口感和风味，是侗族文化的独特体现。

总之，皇都侗文化村是一个集自然风光、人文景观和民俗风情于一体的旅游胜地，是了解侗族文化和历史的重要窗口。

2. 核心概念

（1）气候。气候是指某一地区大气的多年平均状况，包括气温、降水、湿度、风速等。气候对人类的生产和生活有着深远的影响，人类活动和环境变化也会对气候产生影响。

（2）生态功能。生态功能包括防止水土流失、净化水源、保护土壤、维持生物多样性等。这些功能对人类和其他生物的生存和发展都至关重要。

（3）文化符号。文化符号指具有某种特殊内涵或者特殊意义的标志，是文化内涵的重要载体和形式。它可以是一种图像、一种符号或者一种象征，用来传达某种文化信息，代表某个特定的文化概念或者文化价值。

（4）文化环境。文化环境是一个复杂而多维的概念，它涉及社会、历史、宗教、哲学、艺术等多个方面。文化环境不仅影响着人们的生活方式、思维方式和行为习惯，也塑造了人们的社会价值观、道德规范和审美标准。

3. 教学材料

皇都侗文化村的地图、遥感影像图、有关侗族杉树的文字资料。

教学设备：希沃白板、研学手册、研学评价表。

4. 教学建议

教学重点：地域文化的特征；自然环境与人类生产生活和区域发展之间的联系。

教学难点：地域文化对区域的影响及其与区域发展的关系。

5. 活动要求

1）文明纪律

服从安排，准时守约，文明礼貌，注意安全。

2）学习要求

积极思考，及时记录，合作交流，认真完成本次研学任务。

3）成果要求

（1）个人成果。

①完成资料整理并提交一份实践总结（包括活动概述、实践收获、创新构想）。

②整理一套研学活动照片集锦。

（2）班级成果。

①发布一篇本次活动的新闻报道。

②汇总并讨论研学调查数据，撰写一份分析报告。

③形成本次研学活动的材料汇编（包括方案、新闻报道、个人报告、分析报告和照片集锦）。

13.2 杉树教学过程

13.2.1 初识杉树

建议用时：40 分钟

教学用具：皇都村杉树景观

活动流程：

教学环节	教师活动	学生活动	设计意图
情景导入	**案例呈现：** 侗族主要居住在我国西南地区的东缘，此处地理环境复杂多样。南边有九万大山和越城岭，西边则是云贵高原的苗岭山脉，海拔为 300～2000 米。侗族主要依靠农业为生，其中林业以出产优质杉木而闻名遐迩。 侗族居住的区域属于亚热带季风湿润区。由于山高谷深，地区内部气候呈现垂直分布的现象，气候差异极大，甚至有"一山有四季，十里不同天"的说法。在这样的自然环境中，杉树得以茁壮生长，成为侗族人民的重要经济来源。这些优质的杉木不仅为侗族人民提供了生活所需，也成为他们对外交流的重要物资。 图 13.1 皇都村整体布局景观 **布置任务：** 以小组为单位参观皇都村的自然景观，初步认识和了解杉树	学生思考并讨论有关杉树的内容	通过引导学生对杉树的观察和与小组成员的讨论，锻炼学生的观察和合作能力

续表

教学环节	教师活动	学生活动	设计意图
探究新知	提出问题： 1. 皇都村位于哪个气温带？属于什么气候？具有什么特征？ 2. 结合皇都村的气候、地形和杉树生长所需的条件等，思考皇都村哪些条件是适宜杉树生长的？ 3. 在以前没有电的时候，侗族人民靠什么取暖？ 4. 结合皇都村建筑原材料和侗族人民生活习惯，思考杉树具有哪些功能？ 5. 结合杉树的特点，思考杉树对皇都村的环境产生了哪些影响？ 引导思考： 自然环境、气候、生态功能	学生回答亚热带季风气候，描述且归纳该气候的特点。 学生讨论并回答问题	在参观游览皇都村整个村落优美的自然环境和村落布局时，学生能够及时将所学知识与生活紧密联系，学习对生活有用的地理和生物知识
课堂小结	在生态方面，杉树对于侗族地区的生态环境保护有着重要的作用。侗族地区位于亚热带季风湿润区，山高谷深，气候垂直分布现象明显。杉树能够适应这样的环境，生长迅速。同时，杉树还能够涵养水源，保护土壤，有效防止水土流失，有助于维持侗族地区自然环境的生态平衡。 在生活功能方面，杉树对侗族人民的生活产生了深远的影响。一方面，侗族的建筑和构筑物以杉木为主材，杉木寿命长、耐腐蚀、纹理美观，使得侗族的建筑和构筑物具有很高的实用性和艺术价值。另一方面，侗族的生活用品也多用杉木制作，如木桶、木盆等，这些生活用品不仅耐用，而且对侗族人民的日常生活起到了重要的辅助作用	学生与教师共同归纳并总结	帮助学生构建知识树，巩固新知
研学评价	完成并提交"研学评价单"		全面评估学生的学习情况，激发学生对本课程的学习兴趣

13.2.2 杉树的特性

建议用时：40分钟

教学用具：皇都村杉树景观

第 13 章　杉树：永不枯竭的生命

活动流程：

教学环节	教师活动	学生活动	设计意图
情景导入	**案例呈现：** 杉树是一种常绿或落叶乔木，树干端直，大枝轮生或近轮生，喜气候温暖、湿润且土壤肥沃的地方，适合生长在土层深厚、土质疏松、通气良好的砂壤土或轻黏土中。杉树具有较好的耐寒性，能抵抗低温天气；具有较好的抗风性，能够抵御一定强度的风力；具有较强的适应力，能够在不同的环境和气候条件下生长。杉树的根、皮、茎、叶等部位都有一定的药用价值。此外，杉树是一种重要的经济树种，其木材耐腐蚀且纹理美观，广泛用于建筑建造、家具制造、造船等领域。 图 13.2　皇都村优美的自然环境（后附彩图） **布置任务：** 以小组为单位，搜集皇都村杉树的资料，总结杉树的特性	学生思考并讨论风雨桥的特征	通过对皇都村杉树的观察和分析，学生对杉树生长的自然环境有初步了解和认识
探究新知	**提出问题：** 1. 了解杉树生长的地理环境和社会经济功能。 2. 根据杉树的特性，分析杉树具有哪些重要功能？ 3. 杉树对皇都村村民的生产生活产生了什么影响？ 4. 在了解杉树特性的基础上，分析杉树保护现状，思考我们应该做些什么？ **引导思考：** 杉木是一种高质量的木材，具有轻质、耐用和美观的特性，因此常用于建筑建造和家具制造。杉木家具具有天然的木香，能够对人体健康产生积极的影响。 杉树是一种常绿乔木，能够吸收二氧化碳并释放氧气，有助于维持生态平衡。同时，杉树具有涵养水源、保持水土和防风固沙的作用	学生可以用杉树或者特制模型材料搭建建筑，并根据皇都村杉树保护和利用的现状问题提出意见，写在纸条上并相互交流	学生通过动手实践，有利于加深对知识的理解和记忆

续表

教学环节	教师活动	学生活动	设计意图
课堂小结	杉树是一种常绿乔木，适应环境能力强，作用价值高。 1. 具有环保和生态价值：能够吸收二氧化碳并释放氧气，有助于维持生态平衡。同时，杉树具有涵养水源、保持水土和防风固沙的作用。 2. 具有建筑价值：杉木是一种高质量的木材，具有轻质、耐用和美观的特性，因此常用于建筑建造和家具制造。杉木家具具有天然的木香，能够对人体健康产生积极的影响	学生与教师共同归纳并总结	帮助学生构建知识树，巩固新知
研学评价	完成并提交"研学评价单"		全面评估学生的学习情况，促进学生复习巩固相关自然地理知识

13.2.3 杉树的文化

建议用时：40分钟

教学用具：皇都村杉树景观

活动流程：

教学环节	教师活动	学生活动	设计意图
情景导入	**案例呈现：** 杉树对于侗族人民来说不仅是一种植物，更是一种精神文化。一方面它对侗族人民的生产生活有重要影响，另一方面，它承载着侗族人民的民族历史、生活习惯、宗教信仰、文化艺术等。 **布置任务：** 以小组为单位，对皇都村的侗族杉树文化进行考察，可以与村民访谈，也可以自行观察和收集文字和影像资料	学生开展访谈，并形成访谈报告	增强学生的文化认同感，激发学生对侗族文化的兴趣
探究新知	**提出问题：** 1. 为什么侗族人民要用杉树修建建筑？ 2. 在皇都村，杉树主要用于修建哪些建筑物？ 3. 侗族建筑体现了侗族人民哪些精神文化，凝聚了侗族人民哪些智慧？ 4. 杉树的意象符号和文化内涵在侗族人民的建筑、生产工具和歌曲等方面有哪些体现？ 5. 了解杉树对侗族人民的重要性之后，如果你是皇都村的一员，你会对皇都村未来发展提出哪些意见？	学生讨论并回答问题	引导学生观察和思考

续表

教学环节	教师活动	学生活动	设计意图
探究新知	**引导思考：** 1. 杉树被砍伐后还能生长出嫩芽，继续生长发育，侗族人民认为这象征着生生不息。这一自然现象十分符合侗族人民的文化心态，实为生殖崇拜的表现。在当地，修房子、建桥梁、造鼓楼、制家具乃至打寿木，均以杉木为上乘木料。某些被当作"杉仙"看待的古杉，如同祖先一样受人崇拜，这是由生殖崇拜发展成自然崇拜的一种表现。 2. 杉树作为优质建筑材料，在侗族人民心目中具有非同寻常的地位。他们认为，杉树全身都是宝，就连杉树皮也具有一定的遮风避雨的作用，所以杉树皮曾经是主要的屋面建筑材料。即使是在今天，杉树皮还常常作为屋瓦的代用品，尤其是在经济条件较差的村寨中。 3. 在侗族，重要的建筑（如鼓楼、风雨桥和萨坛）上都有着杉树的符号。侗族人民日常使用的生活生产工具，不仅是使用杉树制作，而且上面刻有杉树符号。在侗歌中有传颂杉树的歌词。这都体现了侗族人民对杉树的尊敬和崇拜，反映了侗族人民对自然的敬畏、对生命的尊重和艺术的追求。 4. 侗族的干栏式建筑也是以杉木为主要材料建造的。这种建筑形式既适应了当地地形起伏变化的特点，也发挥了杉木易于加工和组合的优势。干栏式建筑成为侗族文化的象征之一，体现了侗族人民对自然的尊重和与自然和谐共生的理念	学生讨论并回答问题	引导学生开展实地调查，学以致用解决生活中的地理问题，提高学生的地理实践能力，增强学生的综合思维能力
课堂小结	杉树是侗族人民生产生活中不可缺少的组成部分，是侗族人民尊重自然、依赖自然和与自然和谐共生的生动体现，杉树已成为一种精神象征存在于侗族人民的心中。让我们一起来总结杉树在侗族人民生活中的运用形式及其体现的文化内涵	学生与教师共同归纳并总结	帮助学生构建知识树，巩固新知
研学评价	完成并提交"研学评价单"		全面评估学生的学习情况，促进学生对本节课程的学习和理解

13.3 杉树研学评价

本次研学评价以过程性评价为主，总结性评价为辅。研学评价能够对学生的学习成果和体验进行评价，以了解学生的学习情况和需求，为后续的教学和研学活动提供参考和改进方向。通过评价，可以了解学生的学习成果和进步情况，为学生的个人成长和发展提供反馈。研学评价是促进学生学习和发展的重要手段,可帮助学生更好地成长和发展。

评价方式	评价项	评价内容	自评(30%)	互评(30%)	师评(40%)	研学成绩
过程性评价	政治思想道德(5分/条)	热爱祖国、有坚定的政治立场				
		有较强的文化认同和民族自信				
		主动了解和保护当地的自然环境和民俗				
	知识学习能力(5分/条)	掌握相关自然知识,形成正确的区域认知和人地协调观				
		查阅杉树相关资料,对杉树有一定认知				
		自主分析总结教师提出的各种问题				
	创造性思维和实践技能(5分/条)	提出独特且有创新性的观点				
		能够运用网络、访谈等多渠道获取信息				
		能够自主绘制村落布局和杉树分布图等				
		实践活动中积极主动				
	体能与自我管理能力(5分/条)	较强的身体素质,较快适应当地环境				
		有毅力和恒心,积极参与研学实践				
		遵守纪律,保持良好的生活习惯				
		积极参与杉树相关的非遗技艺体验				
	艺术鉴赏兴趣与能力(5分/条)	能够了解杉树相关的艺术作品的意义和风格,表达自己的理解和感受				
总结性评价	表达交流能力(5分/条)	具备良好的沟通交流能力,有团队协作意识				
		积极参与小组讨论,分享想法、集思广益、互相激发创意				
		充分利用文字、绘图或其他方式表达自己的观点				
	成果展示能力(5分/条)	报告内容完整、文字准确、图片丰富				
		使用PPT、视频、音频等工具展示成果				

第 14 章　坝子：靠山吃山，靠水吃水

14.1　坝子课程设计

14.1.1　坝子设计意图

　　侗族多分布在山地丘陵地区，其居住地史称为"溪峒"。溪峒四周遍布山峦，内有平坝，坝上溪水环流，平坝土壤肥沃，寨边梯田层层，寨脚溪河长流，寨头村尾树木参天。侗族居住地地形以山区为主，气候湿润、雨量充沛，因此非常适合农作物和林木的生长。侗族地区青山叠嶂、碧水萦回，既有激流险滩，又有清溪幽谷；既有高山峻岭，也有低丘平坝。这种良好的自然环境，适宜农、林、畜牧业的发展，为侗族人民开发山区、发展经济提供了优越的自然条件。这种适宜聚居的环境被当地人称为"坝子"或"平坝"。坝子具有多种功能，包括农业、居住、旅游、生态保护和水资源保护等，对自然环境和人类的生产生活都有着重要的作用，不仅是资源极其丰富的自然环境景观，而且是我国农耕社会背景下的多元素文化活态遗产。

　　坝子根据其形态和成因，可大致分为以下三类。

　　（1）盆地坝：地壳断裂陷落形成的山间构造盆地，最初积水成湖，后淤积成平原，有的坝子低洼处还有湖泊存在。例如，昆明坝子有滇池、通海坝子有杞麓湖等。有的盆地坝是石灰岩长期受流水溶解和冲蚀而成的溶蚀盆地。这种盆地面积很小，盆地内积有较厚的红色土，如贵州省境内的贵阳、遵义、安顺等坝子。

　　（2）河谷坝：分布在河流沿岸，多呈狭长状，一般宽几千米，长可达几十千米，为局部的河谷平原。如西双版纳地区的景洪坝、勐海坝等。

　　（3）山麓坝：位于高山的山麓，是由山麓冲积扇联结而成的山麓平原。如大理坝子、下关坝子等。

　　通过本课程的学习，让学生了解坝子的地理分布、地形地貌、气候特点、植被和生态系统，以及当地的民族文化。通过培养学生的观察能力、探究能力和实践能力，提高学生的综合素质，同时培养学生的社会责任感、人地协调观和可持续发展意识。

　　课程领域：自然、农业、人居环境

　　适用年级：中学

　　建议课时：3 课时

14.1.2 坝子教学目标

教师深入实地考察、调研和搜集适合进行坝子主题研学的资源。以坝子为核心，根据可利用的研学资源，设计研学活动，并制作研学手册分发给学生，以便他们清晰地了解研学活动的课程布局和内容架构。以小组为单位，小组长根据研学手册内容结构，安排小组成员调查相应内容并进行资料整合。在实地研学前，引导学生观看介绍坝子的视频或图片，帮助学生了解研学点背景，包括坝子在我国的分布，坝子的形成原因及演变过程，地形地貌特征，对人类生活的影响，坝子对于社会、文化、生态和经济活动的重要意义，以此激发学生的热情和好奇心。明确以下研学目标：

1. 人地协调观

（1）了解坝子形成的自然原因以及人类的作用，从不同距离观察坝子，了解坝子的形态特征以及人类对坝子的改造、利用形式，树立人地和谐相处的观念。

（2）通过探究旅游开发给当地自然与社会生态带来的压力，认识区域生态协调的重要性，理解可持续发展的重要性。

2. 综合思维

（1）在观察过程中，思考坝子形成过程中各种要素的参与程度和参与形式。这有助于学生系统地看待问题。

（2）查看侗族地区的历史地图和现状地图，比较侗族坝子的发展和利用状况，并分析发生变化的原因和产生的影响。这有助于学生从动态视角看待问题。

3. 区域认知

（1）从区域角度认识并了解特定地理现象，认识当地的地形地貌、土壤类型等，帮助学生建立地理空间观念。

（2）从空间视角认识地理环境和人地关系，了解坝子类型的多样性，并且能够从自然环境角度综合分析其特点及形成原因。

4. 地理实践力

（1）通过实地观察、阅读网络资料、收集现场土壤等，完成坝子模型的制作，培养学生的信息收集能力和动手能力，做到知行合一。

（2）小组合作，结合遥感影像与现场实际，对比观察皇都村自然环境的变化，并分析变化的原因和带来的影响。

14.1.3 坝子教学准备

1. 确定研学地点

本次选取的研学地点皇都村，坐落在湖南省怀化市通道侗族自治县"百里侗文化长廊"中心地带的坪坦乡,现已建成为"皇都侗文化村",为国家级风景名胜区。这里地势西北高,东南低,海拔为 500~800 米,山川秀丽,绿水环绕,有着"山水之间的千年秘境"的美誉。该村自 1995 年正式成立以来,先后入选了中国传统村落名录、全国文明村镇、湖南省首批风情文化旅游小镇和湖南省乡村旅游重点村名录,是湘西南少数民族地区传统村落的典型代表。

2. 核心概念

(1) 地形。地形是地物形状和地貌的总称,可分为五种基本地形:平原、高原、盆地、丘陵、山地。

(2) 地貌。地貌是地球表面各种形态的总称。

(3) 文化景观。文化景观是指居住于该地的群体为满足其需要,利用自然界提供的材料,在自然景观的基础上,叠加自己所创造的文化产品。

(4) 坝子。坝子是山区或者丘陵地带局部平原(直径在 10 千米以下)的地方名称。

3. 教学材料

皇都村相关视频、板贴、遥感影像图、超轻黏土、木材、展板、皇都村现有教学资源。

教学设备:希沃白板、研学手册、研学评价表。

4. 教学建议

教学重点:坝子的地理分布、地形地貌、气候特点、形成原因、在人类生产和生活中的重要性。

教学难点:自然环境对地域文化的影响,人类活动对自然环境的影响,培养学生的观察能力、探究能力和实践能力,促进学生的综合素质发展。

5. 活动要求

1)文明纪律

服从安排,准时守约,文明礼貌,注意安全。

2)学习要求

积极思考,主动交流,及时记录,合作探究,认真完成学习任务。

3)成果要求

(1) 个人成果。

①完成资料整理并提交一份实践报告(包括活动概述、实践收获、创新构想)。

②整理一套研学活动照片集锦。

(2) 班级成果。

①发布一篇本次活动的新闻报道。

②汇总并讨论研学调查数据，撰写一份分析报告。

③形成本次研学活动的材料汇编（包括方案、新闻报道、个人报告、分析报告和照片集锦）。

14.2 坝子教学过程

14.2.1 初识坝子

建议用时：40 分钟

教学用具：皇都村坝子景观

活动流程：

教学环节	教师活动	学生活动	设计意图
情景导入	**案例呈现：** 皇都村位于湘西地区，地处云贵高原东缘向南岭山脉过渡地带，地形以丘陵为主，呈现山间平坝的自然环境景象。坝子是侗族人民生产生活和社交娱乐等活动的重要场所，也是传承和发扬侗文化的重要载体。 图 14.1 皇都村自然景观（后附彩图） **布置任务：** 以小组为单位在皇都村内游览，观察皇都村的自然景观，并尝试从区域地形、地貌、水系等方面总结描述村落景观特征	学生参观、思考并相互讨论	通过实地观察以及资料查阅，锻炼学生的沟通交流能力和资料搜集能力，促进团队合作

教学环节	教师活动	学生活动	设计意图
探究新知	**提出问题：** 1. 皇都村的气候特征是怎样的？ 2. 气候对自然环境的形成是否有影响？若有影响，表现在哪些方面？ 3. 在参观皇都村的过程中看到了哪些地形地貌？分别描述这些地形地貌的特点。 4. 皇都村的主要地形地貌是什么？对该类地形地貌进行描述。 5. 此类地形地貌在其他地区是否存在？可进一步分为哪些类别？ **引导思考：** 自然环境、山间平地	学生讨论并回答问题	在游览皇都村的过程中，领略自然之美，学会欣赏美、发现美。培养学生的人地协调观
课堂小结	坝子是山区或者丘陵地带局部平原的地方名称，我国的坝子主要分布于山间盆地、河谷沿岸和山麓地带。坝上地势平坦、气候温和、土壤肥沃、灌溉便利，是山地丘陵地区人类活动的重要场所，也是侗族地区独特的地理和文化现象。我们一起来总结对坝子的初印象	学生与教师共同归纳并总结	帮助学生构建知识树，巩固新知
研学评价	完成并提交"研学评价单"		获得教学反馈，同时激发学生的自我认识，促进彼此之间的学习交流

14.2.2 坝子的作用和意义

建议用时：40 分钟

教学用具：皇都村坝子景观

活动流程：

教学环节	教师活动	学生活动	设计意图
情景导入	**案例呈现：** 侗族生活的地区崇山峻岭、溪流纵横，村寨往往依山而建，或者立在河畔的"小坝子"上，沿河流或山坡呈带状延伸。依据村寨规模和布局方式的不同，可将侗族聚落形态从宏观上分为群山环抱组团型、随山就势自由衍生型、河道一侧坐坡朝河型、河道两旁带状延伸型四种类型。		

教学环节	教师活动	学生活动	设计意图
情景导入	图14.2 皇都村鸟瞰图 **布置任务：** 以小组为单位观察坝子的形态和人类对坝子的利用，深入了解坝子在侗族人民生活中的作用和意义	学生参观、思考并且相互讨论	通过实地观察以及资料查阅，锻炼学生的沟通能力和资料搜集能力，促进团队合作
探究新知	**提出问题：** 1. 皇都村的布局呈现何种形态？ 2. 坝子的形成因素有哪些？从内外动力角度可进行怎样的划分？ 3. 人类对坝子的利用有哪些？ 4. 坝子上的农业有哪些主要特点？ 5. 坝子上的房屋、桥梁、道路等设施有哪些风格和特点？ 6. 如何发挥坝子的生态作用？ 7. 侗族人民是如何克服坝子的劣势条件并对其进行利用的？ **引导思考：** 学生动手制作坝子的模型，在坝子模型内建构人类活动场所并模拟农业种植	学生实地考察，收集土壤、木材和竹子等材料进行模型的搭建，讨论哪个小组构建的模型和选址最适宜人类居住	提高学生的动手能力，引导学生形成良好的可持续发展理念
课堂小结	侗族居民靠山吃山、靠水吃水，作为人类活动的重要场所，坝子承担了人类的生产、生活等活动，发挥了经济、社会、环境价值，是人地和谐发展的体现。我们一起来总结坝子的作用和人类对坝子的利用	学生与教师共同归纳并总结	帮助学生构建知识树，巩固新知
研学评价	完成并提交"研学评价单"		获得教学反馈，同时激发学生的自我认识，促进彼此之间的学习交流

14.2.3 坝子在文化传承中的重要地位

建议用时：40分钟

教学用具：皇都村坝子景观

活动流程：

教学环节	教师活动	学生活动	设计意图
情景导入	**案例呈现：** 侗族是拥有自己的语言、信仰、服饰、建筑、音乐、舞蹈等文化的民族。坝子不仅是侗族人民生活和农业生产的重要场所，更是侗族文化传承的重要载体。 **布置任务：** 切身体验侗族大歌、合拢宴等独具侗味的活动和美食，体会此类活动是如何在坝子上传承的	学生参观、思考并相互讨论	通过实地观察和资料查阅，锻炼学生的沟通交流能力和资料搜集能力，促进团队合作
探究新知	**提出问题：** 1. 坝子具有哪些功能？ 2. 侗族居民在坝子上开展的文化活动有哪些？ 3. 坝子在侗族居民日常生活中扮演何种角色？ 4. 当前皇都村的旅游是如何依托坝子发展的？可开展哪些方面的旅游活动？ 5. 旅游活动的开展是否需要培养相应的人才？如何培养？ **引导思考：** 1. 文化旅游：坝子是侗族文化的重要载体，可以发展文化旅游。通过展示侗族的传统文化、建筑艺术、手工艺品等，吸引游客前来参观和体验。同时，可以举办侗族的传统表演和活动，如侗族大歌、合拢宴等，让游客更深入地感受和了解侗族文化。 2. 农业旅游：坝子是农业生产的重要场所，可以发展农业旅游。通过参与农业生产活动，如水稻种植、农产品采摘等，让游客了解农业生产的过程和侗族的生活方式。还可以安排农家乐等活动，让游客品尝地道的侗族美食，感受侗族人民生活的美好。 3. 生态旅游：坝子具有优美的自然风光和优良的生态环境，可以发展生态旅游。通过安排徒步、露营等活动，让游客亲近自然，体验大自然的美妙。同时，可以建立生态保护区，保护坝子的生态环境，实现旅游业的可持续发展。 4. 研学旅游：坝子可用于开展研学旅游，安排学生和教育工作者前来参观和学习。通过安排农业、手工艺、传统文化等方面的课程和实践活动，让学生深入了解侗族文化和传统技艺。同时，可以与教育机构合作，开展夏令营等活动，丰富学生的课外生活	学生通过切身体会形成自己的认知并回答问题	提高学生的动手能力，引导学生形成良好的可持续发展理念

续表

教学环节	教师活动	学生活动	设计意图
课堂小结	坝子是侗族文化的重要载体,可通过发展旅游来展示侗族的传统文化、建筑艺术、传统活动和表演等,发展文化旅游、农业旅游、生态旅游和研学旅游,让游客更深入地感受侗文化,也让侗文化借助旅游这一途径得到发扬和传承。同时也要避免过度商业化和破坏性开发	学生和教师共同归纳并总结	帮助学生构建知识树,巩固新知
研学评价	完成并提交"研学评价单"		获得教学反馈,同时激发学生的自我认识,促进彼此之间的学习交流

14.3 坝子研学评价

针对研学旅游复杂多变、学生需要运用跨学科知识与技能的情况,我们采用多角度的评价方法,以过程性评价为主、总结性评价为辅。本次研学活动的评价将结合素质教育理念,构建综合的评价体系,通过学生自评、互评和师评相结合的方式,全面审视学生的学习进展和个人发展,并鼓励学生自我认识和相互间的学习交流。

评价方式	评价项	评价内容	自评(30%)	互评(30%)	师评(40%)	研学成绩
过程性评价	政治思想道德(5分/条)	热爱祖国、有坚定的政治立场				
		有较强的文化认同和民族自信				
		诚实守信、尊重当地风俗习惯、保护环境				
	知识学习能力(5分/条)	掌握相关的哲学观点,具备正确的区域认知、人地协调观、可持续发展观				
		查阅相关文献,掌握区域认知学习方法				
		自主分析总结教师提出的各种问题				
	创造性思维和实践技能(5分/条)	独立提出独特且有创新性的观点				
		掌握获取和处理信息的方法和手段				
		掌握制作模型的能力				
		掌握实践操作流程				

续表

评价方式	评价项	评价内容	自评（30%）	互评（30%）	师评（40%）	研学成绩
过程性评价	体能与自我管理能力（5分/条）	较强的身体素质、反应灵活，较快适应当地环境				
		有毅力和恒心，积极参与研学实践				
		遵守纪律，保持良好的生活习惯				
	艺术鉴赏兴趣与能力（5分/条）	积极参与研学中的实践活动				
		对艺术作品的形式、风格和意义有自己的理解和感受				
总结性评价	表达交流能力（5分/条）	良好的沟通交流能力、有团队协作意识				
		积极参与小组讨论，分享想法、集思广益、互相激发创意				
		充分利用文字、绘图或其他方式表达自己的看法				
	成果展示能力（5分/条）	报告内容完整、表述准确、图片丰富				
		使用PPT、视频、音频等工具展示成果				

第四部分

行：侗族交流

第 15 章　侗款：侗族人的基因密码

15.1　侗款课程设计

15.1.1　侗款设计意图

侗族款约简称侗款，是侗族人民实施村民自治、民主管理和传承民族文化的一种重要方式。经过千百年的发展，侗族人民与周边各族群，如汉族、苗族、瑶族、壮族、布依族、水族等，形成了和谐共处的社会秩序，侗款在其中发挥了关键作用。侗款不仅是侗族传统文化的核心，更是社会组织的一种独特形态，它对侗族和谐社会的构建起到了辅助教育的作用，是侗族和谐文化代代传承的法律保障。作为民族区域自治制度的象征，侗款维系着整个侗族社会的稳定和发展，其影响力历经千年而不衰，堪称一部流传在侗乡的"民法典"。本课程的设计意图是让学生了解侗族地区特有的管理方式。通过学习，学生能够更好地理解侗族人民在长期历史发展过程中形成的独特的生活方式、文化传统和生态环境保护意识。同时，本课程可帮助学生提高实践能力，通过观察、实验、调查等方式，探究侗族地区的自然地理现象和人文景观。此外，本课程还能够培养学生的民族文化自信心和自豪感，促进民族团结和谐发展。

课程领域：管理条例、地域文化

适用年级：中学

建议课时：3 课时

15.1.2　侗款教学目标

本课程的教学目标是让学生了解侗款的起源、历史背景、基本知识和技能等，从而增强学生对侗族文化的了解。

1. 人地协调观

侗款作为侗族传统文化的重要组成部分，其内涵和价值不仅在于传统文化的保存与发展，更在于其与地理环境的相互关系。通过学习侗款，学生可以更好地理解侗族文化与地理环境的相互影响和作用，从而更好地理解文化地理的概念和重要性。

2. 综合思维

侗款是侗族人民在长期历史发展过程中形成的独特的地方性知识，这种知识对于当地人民的生活和发展具有重要意义。在地理教学中，引入侗款的概念和内容，可以强调地方性知识的重要性，帮助学生更好地理解地理知识的多样性和复杂性。

3. 区域认知

在地理教学中，引入侗款的内容和形式，可以促进学生对侗族文化的认识和了解，增强其对民族文化的自信心和自豪感，从而更好地传承和发展民族文化。

4. 地理实践力

学习和研究侗款需要具备一定的实践能力和观察能力，例如，进行田野调查、收集民间故事和传说等。通过学习侗款，学生可以锻炼自己的实践能力和观察能力，提高对地理现象的认识和理解。

15.1.3　侗款教学准备

1. 确定研学地点

通道侗族自治县位于湖南省怀化市南端，黔、湘、桂三省（区）的交界处，是通往中国西南地区的要道。本次研学地点位于通道侗族自治县坪坦乡皇都村。该村是南部侗族聚居区的典型传统村落，由新寨、头寨、尾寨、盘寨4个侗族村寨组成。该村自1995年正式成立以来，先后入选中国传统村落名录、全国文明村镇和湖南省首批风情文化旅游小镇，是湘西南少数民族地区传统村落的典型代表。

2. 核心概念

（1）款组织。侗款是一种以地缘和亲缘为纽带建立的联盟，由不同的村寨或者社区组成，通常由"款首""款脚""款众""款坪""款牌""款约""款判"等构成。这种联盟是通过盟誓和约法建立的，具有区域行政与军事防御性质。

（2）款约。款约通常由各村寨的老人和头人商议制定，内容涉及地方的生产生活、道德规范等各个方面。款约具有约束效应，对于违反者会受到相应的惩罚。

（3）款词。款词是一种具有歌颂英雄人物，再现侗族社会历史变迁，反映祖先崇拜、道德规范、政治、军事、生产生活、文学艺术等丰富内容的口头文学。款词通常由侗族人民在各种场合吟唱，具有很高的艺术价值和文化内涵。

（4）社会管理。侗族社会通过侗款建立以"款"为基础的社会管理体系。在这个体系中，各村寨和社区的负责人需要遵守款约，管理本村寨或社区的事务，并对一些违规行为进行惩罚。这种社会管理体系对于维护侗族社会的秩序与和谐起到了重要的作用。

（5）文化传承。侗款不仅是侗族社会一种重要的组织形式，也是侗族文化的重要组成部分。侗族人民通过侗款传承其历史、文化、艺术等。这种传承不仅是对过去的尊重，也是对未来的期许。

3. 教学材料

皇都村相关视频、板贴、遥感影像图、展板、皇都村现有教学资源。

教学设备：希沃白板、研学手册、研学评价表。

第15章 侗款：侗族人的基因密码

4. 教学建议

教学重点：地域文化的特征；侗款制定的依据。

教学难点：地域文化对区域的影响。

5. 活动要求

1）文明纪律

服从安排，准时守约，文明礼貌，注意安全。

2）学习要求

掌握核心概念、提高自我学习和合作探究能力。

3）成果要求

（1）个人成果。

①完成资料整理并提交一份实践报告（包括活动概述、实践收获、创新构想）。

②整理一套研学活动照片集锦。

（2）班级成果。

①发布一篇本次活动的新闻报道。

②汇总并讨论研学调查数据，撰写一份分析报告。

③形成本次研学活动的材料汇编（包括方案、新闻报道、个人报告、分析报告和照片集锦）。

15.2 侗款教学过程

15.2.1 什么是侗款

建议用时：40分钟

教学用具：皇都村村规民约

活动流程：

教学环节	教师活动	学生活动	设计意图
情景导入	**案例呈现：** 侗款是侗族社会中特有的组织形式，它以氏族血缘关系为基础，以地域为纽带，将侗族人民紧密地联系在一起。例如，贵州的三穗、天柱、锦屏、黎平、从江、榕江，广西的三江、龙胜，以及湖南的城步、新晃、通道、靖州等地区，侗款对于侗族社会的管理、文化传承和经济发展等方面都有着深远的影响。 **布置任务：** 请同学们以小组为单位，参观皇都村，分享自己的心得体会	学生思考并讨论内容	帮助学生了解皇都村背景，提升学生的区域认知能力

续表

教学环节	教师活动	学生活动	设计意图
探究新知	提出问题： 1. 侗款是如何起源和发展的？ 2. 侗款的约法款规是如何制定的？ 3. 侗款与其他民族的传统组织形式有何异同？ 4. 侗款对于侗族社会的发展有哪些影响和作用？ 引导思考： 风俗习惯、民俗崇拜	学生讨论并回答问题	启发学生自主发现问题，归纳问题
课堂小结	我们一起来总结侗款的制定特点	学生与教师共同归纳并总结	帮助学生构建知识树，巩固新知
研学评价	完成并提交"研学评价单"		评估学生的学习情况，提升学生的自我认知和相互学习的能力

15.2.2 侗款从何而来

建议用时：40 分钟

教学用具：皇都村村规民约

活动流程：

教学环节	教师活动	学生活动	设计意图
情景导入	案例呈现： 新中国成立前，侗族人民依据侗款进行自我管理，维持社会秩序。侗族村寨之间根据地缘建立纽带，形成侗款。侗款具有维持社会秩序、军事防御、文化教育、经济管理等作用。 布置任务： 请同学们以小组为单位，走进皇都村，重点观察侗款，并分享自己的心得体会	学生思考并讨论	引导学生认识侗款的重要性，激发学生的好奇心
探究新知	提出问题： 1. 侗款的起源和发展是否受到外来文化的影响？这些影响具体体现在哪些方面？ 2. 侗款的组织形式和约法款规是否借鉴或吸收了其他民族或文化的元素？这些元素对侗款有何影响？ 3. 侗款在起源和发展过程中，是否经历了与其他社会组织的冲突和融合？这些冲突和融合对侗款有何影响？		

续表

教学环节	教师活动	学生活动	设计意图
探究新知	**引导思考：** 通过系统讲解和实地考察的方式，使学生全面了解侗款的起源、发展和影响。学生不仅听到专家对侗款的深入剖析，还通过实践活动亲身体验侗族文化的魅力。理论与实践相结合的学习方式，能够让学生更好地理解侗款在侗族社会中的重要地位	学生依据问题引导实地考察，形成结论。 学生讨论交流后进行成果展示	小组合作的方式培养了学生的集体意识，有利于学生集思广益
课堂小结	侗款不仅是侗族社会组织的制度体系，还是侗族文化的表现形式之一。通过研究侗款所传承的优秀侗族文化，学生可以了解文化的传承和创新，培养文化自信和跨文化交流的能力	学生与教师共同归纳并总结	帮助学生构建知识树，巩固新知
研学评价	完成并提交"研学评价单"		全面评估学生的学习和发展情况，提升学生的自我认知和相互学习的能力

15.2.3 侗款去向何处

建议用时：40分钟

教学用具：皇都村村规民约

活动流程：

教学环节	教师活动	学生活动	设计意图
情景导入	**案例呈现：** 侗款是侗族社会的一种关键组织形态，它以地缘和血缘为基石，将各个村寨紧密地联系在一起，形成了一个社会联盟。侗款不仅让侗族人民实现了自我管理，还维系了侗族社会的秩序，同时也是一个行使公共权力的政治组织，在侗族人民的生产生活中发挥着重要的作用。在现代社会，尽管侗款已经被废除，但其传承的优秀侗族文化仍然深深影响着侗族人民的生产生活。 **布置任务：** 请同学们以小组为单位，访谈皇都村村民，了解侗款的演变	学生展开访谈，并形成访谈报告	增强学生的民族自信心，激发学生对侗族文化的兴趣

续表

教学环节	教师活动	学生活动	设计意图
探究新知	提出问题： 1. 侗族人民的生产生活在未来的发展中可能会面临哪些挑战和机遇？ 2. 侗族人民的村规民约，在现代社会中的地位和作用是否会发生变化？这些变化会如何影响侗族人民的生活？ 3. 侗款文化在传承和发展过程中，是否有潜在的危机或问题需要解决？这些问题是什么？ 引导思考： 随着时代的发展和社会变迁，侗款文化也需要适应新的需求和变化。通过创新和发展，将侗款文化的传统元素与现代元素相结合，创造出具有时代特色的新文化形式。这不仅可以满足现代社会的需求，还可以促进侗款文化的传承和发展	学生讨论并回答问题	引导学生开展实地调查，学以致用解决生活中的地理问题，提高学生的地理实践能力和综合思维能力
课堂小结	侗款文化是侗族历史、文化和社会的珍贵财富，应该重视其传承工作。通过学校教育和社区活动等方式，将侗款文化传承给年轻一代，让他们了解和认同侗款文化，从而促进其传承和发展	学生与教师共同归纳并总结	帮助学生构建知识树，巩固新知
研学评价	完成并提交"研学评价单"		评估学生的学习情况，提升学生的自我认知和相互学习的能力

15.3 侗款研学评价

本次研学活动评价以过程性评价为主，总结性评价为辅。

评价方式	评价项	评价内容	自评（30%）	互评（30%）	师评（40%）	研学成绩
过程性评价	政治思想道德（5分/条）	热爱祖国、有坚定的政治立场				
		有较强的文化认同和民族自信				
		诚实守信、尊重当地风俗习惯、保护环境				
	知识学习能力（5分/条）	掌握相关的哲学观点、形成正确的区域认知和人地协调观				
		查阅相关知识，提出因地制宜的策略				
		自主分析总结教师提出的各种问题				

续表

评价方式	评价项	评价内容	自评(30%)	互评(30%)	师评(40%)	研学成绩
过程性评价	创造性思维和实践技能(5分/条)	提出独特且有创新性的观点				
		掌握获取和处理信息的方法和手段				
		掌握绘制地图的标准和技能				
		掌握实践操作流程				
	体能与自我管理能力(5分/条)	较强的身体素质、反应灵活,较快适应当地环境				
		有毅力和恒心,积极参与研学实践				
		遵守纪律,保持良好的生活习惯				
	艺术鉴赏兴趣与能力(5分/条)	积极参与研学中非物质文化遗产技艺的直接体验				
		对艺术作品的形式、风格和意义有自己的理解和感受				
总结性评价	表达交流能力(5分/条)	具备良好的沟通交流能力,有团队协作意识				
		积极参与小组讨论,分享想法、集思广益、互相激发创意				
		充分利用文字、绘图或其他方式表达自己的看法				
	成果展示能力(5分/条)	报告内容完整、文字准确、图片丰富				
		使用PPT、视频、音频等工具展示成果				

第 16 章 侗戏：侗族人的说唱艺术

16.1 侗戏课程设计

16.1.1 侗戏设计意图

侗戏是贵州省黎平县、湖南省通道侗族自治县和广西壮族自治区三江侗族自治县的地方传统戏剧，也是国家级非物质文化遗产之一。侗戏产生于清代嘉庆至道光年间，由黎平县茅贡镇腊洞村侗族歌师吴文彩始创。经过不断吸取桂剧、彩调、祁阳戏、贵州花灯戏等其他戏曲剧种的营养，侗戏不断完善，最终演变成有说有唱、曲调丰富、别具风格的独立剧种。2006 年 5 月 20 日，侗戏经国务院批准列入第一批国家级非物质文化遗产名录，遗产项目编号为 IV-83。

侗戏的主要曲调有平板和哀腔等，乐队包括管弦乐和打击乐两个部分，演出方式比较注重唱腔内容，不重表演。传统侗戏演出时，演员均身着侗服，佩戴侗族首饰，以侗语演唱。侗戏的语言生动、比喻形象，唱词与音乐紧密吻合、朗朗上口、清晰明快。侗戏的剧目种类，一是编写或移植描写汉族生活的剧目，如《梅良玉》《凤娇李旦》；二是描写侗族生活的剧目，如《吴勉》《顾老元》。侗戏剧本词句生动、韵律严格，讲究尾韵、腰韵、连环韵，一出戏就是一首叙事长诗。

在中国的戏剧史中，侗戏丰富的内容和基本特征及传承历史的功能，在中华其他戏曲中实属罕见。侗戏的萌生、发展直至最终形成，经历了 100 多年的历史。侗戏与侗族的民族史、文化史和民俗活动息息相关，生动地体现了这一民族及其所在地区的文化传统，具有人类学、民俗学、民族学研究价值和不可替代的艺术价值。侗戏根植于侗乡，具有浓厚的侗族特色，而且声情并茂，歌舞结合，能引起观众强烈的共鸣。侗戏是侗族人民喜闻乐见的本民族剧种，侗族人民需要侗戏。

本课程通过挖掘侗戏特色，设计一系列与侗戏相关的活动，让学生感受侗戏这一侗族人精神史诗的独特魅力，提高审美眼光，培养民族情怀。

课程领域：民俗艺术、文化传承

适用年级：中学

建议课时：3 课时

16.1.2 侗戏教学目标

根据侗戏的文化、艺术、应用价值和文坡村可开发的课程资源，面向学生学情，制定侗戏研学课程教学目标如下。

1. 人地协调观

（1）了解侗戏产生的历史过程中对其他戏曲剧种（如桂剧、贵州花灯戏、辰河戏）的吸收融合，深刻认识地理位置对侗戏这类民俗艺术形成的影响。

（2）通过了解侗戏的前世今生——由侗族人民劳作时的休闲娱乐发展为民间说唱艺术，领悟侗戏根植于侗乡的原因，意识到艺术的产生建立在人民生活实践的基础之上，更好地树立人与自然和谐相处的观念。

2. 综合思维

（1）通过前期搜集资料和现场实地考察走访，调查侗戏的剧本、唱腔、服装、配乐、首饰道具、表演形式等资料，并以文字和图片的形式进行归纳总结，锻炼学生收集、整合和处理信息的能力。

（2）了解侗戏的主要分布地区、侗戏剧本的素材来源，思考人口的扩散和迁移对文化沟通交流的作用、不同民族地区人们的生活实践对文化的促进作用，调查侗族服饰、首饰的制作过程，思考其原料选取和制作工艺与地理环境的关系。在大量调查了解侗戏的基础上，梳理总结其文化特征从而提升思维的逻辑性和综合性。

3. 区域认知

（1）文坡村处于湘桂黔交界之处，结合所见所学，分析、说明其所处的地理位置对侗戏的产生和改良的影响，思考地理位置和区域交通对于文化交流的重要性。

（2）通过现场观看文坡村侗戏的表演，能够分析地理位置、自然环境、生产劳动等因素与侗戏的关系。

4. 地理实践力

（1）以小组为单位走访村民，采访侗戏传承人、侗戏表演者、侗戏演奏乐队，调查侗戏反映的传统故事、生产生活状况，以及在现实生活中侗戏的表演频次、代表意义等，感受文坡村蕴含的历史文化底蕴，领悟侗戏传承人潜心编戏唱戏教戏的可敬精神。

（2）通过实地观看侗戏表演、合作排练侗戏、调查侗戏资料、考察侗戏传承情况等过程，提高学生的动手实践能力、团结合作能力、沟通交流能力、信息搜集和整理能力，培养学生尊重并传承民族文化的责任感和使命感。

16.1.3 侗戏教学准备

1. 确定研学地点

文坡村位于湖南省怀化市通道侗族自治县牙屯堡镇，下辖元现、八毫、树团、绞坪、枫香五个自然村。村域面积约22平方千米，截至2023年，该村户籍人口1478人。村民姓氏以龙、粟两姓为主。村落北邻树团村，南接牙屯堡村，西与绞坪村接壤，东边为外寨村。文坡村保留了较好的传统侗寨风貌，枫香村依山傍水，前临牙屯堡河，后依交糖山，村落民居沿山脊层层分布，村口建有寨门、鼓楼，呈现出典型的山地型侗寨布局。文坡村传统手工艺发达，民俗文化活动丰富，至今保留了芦笙、侗戏、大戊梁歌会等传统民俗文化活动。每逢节庆和农闲，村民们都要吹奏芦笙、唱侗戏、舞侗拳等，古老的村落呈现一派祥和欢快的景象。近年来，文坡村先后被评为"湖南省美丽乡村示范村""劳模和工匠人才创新示范基地"。2019年6月，文坡村下辖的枫香、元现自然村被住房和城乡建设部列入第五批中国传统村落名录。

2. 核心概念

（1）景观。景观指土地及土地上的空间和物质所构成的综合体，它是复杂的自然过程和人类活动在大地上的烙印，包括自然、经济、文化等方面的特征。

（2）人地关系。人地关系人文系统与自然环境系统动态关系的简称，包括地对人、人对地两方面。

（3）地域文化。地域文化指一个地区的人们在生产生活、社会制度组织、精神活动中体现的价值观和审美情趣。

3. 研学前准备

教师考察文坡村可开发利用的研学资源，认真仔细拟定研学方案，进行研学活动设计并编制研学手册，发放至学生，帮助学生了解此次研学的内容安排。组建研学小组，投票选出小组长，明确小组成员，小组长根据研学手册内容结构，安排小组成员调查相应内容并进行资料整合，如侗戏的历史渊源、表演视频、演出道具、侗戏传承现状等。帮助学生在研学开始前熟悉研学村落背景，激发学生的热情和好奇心，明确教学目的和任务，熟悉研学流程安排，做到井然有序。

4. 教学材料

文坡村全景展示视频、区位图、遥感影像图、侗戏介绍视频、侗戏传承人简介、文坡村现有研学资源。

教学设备：希沃白板、多媒体课件、研学手册、研学评价表。

5. 教学建议

教学重点：文化融合与地理位置的关系、民俗文化的传承与发扬。

教学难点：自然与人文要素对民俗文化的影响。

6. 活动要求

1）文明纪律

服从安排，准时守约，文明礼貌，注意安全。

2）学习要求

积极思考，主动交流，及时记录，合作探究，认真完成学习任务。

3）成果要求

（1）个人成果。

①完成资料整理并提交一份实践报告（包括活动概述、实践收获、创新构想）。

②整理一套研学活动照片集锦。

第 16 章　侗戏：侗族人的说唱艺术

（2）班级成果。
①发布一篇本次活动的新闻报道。
②汇总并讨论研学调查数据，撰写一份分析报告。
③形成本次研学活动的材料汇总（包括方案、新闻报道、个人报告、分析报告和照片集锦）。

16.2　侗戏教学过程

16.2.1　初识侗戏

建议用时：40 分钟
教学地点：文坡村全村、文坡村综合服务中心
活动流程：

教学环节	教师活动	学生活动	设计意图
情景导入	**案例呈现：** 文坡村位于湖南省怀化市通道侗族自治县牙屯堡镇，黔、湘、桂三省（区）交界之处，属于通道侗族自治县境内的西南山系。村落三面环山，呈条带状向西侧开口。境内大多为山地丘陵，地势四周高、中间低。村内青山碧水，重峦叠嶂，森林覆盖率达到75%。 图 16.1　文坡村 **布置任务：** 1. 学生根据研学前搜集的文坡村区位图、交通线路图、等高线地形图、实景航拍图、卫星图等，分析文坡村的地理位置、自然环境特点。 2. 跟随熟悉村内环境的导游、村民等，参观游览村落的自然风光和特色建筑，并拍照记录。 3. 依据现有资料，结合参观浏览过程中的发现，思考文坡村所处的地理位置、自然环境对侗戏具有怎样的影响	学生思考、讨论任务，拍照记录	在参观游览文坡村村落风光过程中，伴随讲解，让学生领悟少数民族传统村落特有的魅力，培养学生的文化情怀和民族情怀

续表

教学环节	教师活动	学生活动	设计意图
探究新知	提出问题： 1. 文坡村侗戏的流传受哪些地理要素影响？哪个要素的影响力更大？ 2. 侗戏剧本的素材来源主要包括哪些？ 3. 村落的生产生活对侗戏的剧本编排是否有影响？主要体现在哪些方面？ 引导思考： 自然环境、地理位置与文化交流	学生讨论并回答问题	通过思考侗戏的流传、侗戏剧本的素材来源探究侗戏与自然环境和地理位置的关系，促进学生综合思维的形成
课堂小结	文坡村隶属于湖南省怀化市通道侗族自治县牙屯堡镇，地理坐标为北纬26°16′，东经109°37′，距通道县城40千米，距牙屯堡镇5千米。北邻树团村，南接牙屯堡村，西与绞坪村接壤，东边为外寨村。乡道Y957穿村而过，地理区位优势较为明显，便于侗戏的交流。 从村落自然风貌来看，文坡村依山临水而建，绿水青山环抱，村寨四周田野环绕，稻香飘荡。自然风光得天独厚，造就了文坡村自然与人文和谐交融的田园景致，这正是侗戏剧本的素材来源之一	学生归纳总结，教师补充说明	学生自行总结，教师在适当时机给予指导，解答疑惑，做好补充
研学评价	完成并提交"研学评价单"		全面评估学生的学习和发展情况，提升学生的自我认知和相互学习能力

16.2.2 观赏侗戏

建议用时：40分钟

教学地点：侗家戏台、元现鼓楼

活动流程：

教学环节	教师活动	学生活动	设计意图
情景导入	案例呈现： 侗戏，侗语称"戏更"，是侗族的戏曲剧种，也是国家级非物质文化遗产。侗戏不断吸取桂剧、彩调、祁阳戏、贵州花灯戏等其他戏曲剧种的营养，逐渐提高和完善，最终演变成有说有唱、曲调丰富、别具风格的独立剧种。侗戏植根于侗乡，具有浓郁的侗族特色，并且声情并茂、歌舞结合，能引起观众强烈的共鸣。		

第 16 章 侗戏：侗族人的说唱艺术

续表

教学环节	教师活动	学生活动	设计意图
情景导入	图 16.2 文坡村侗戏表演 **布置任务：** 1. 学生研学前搜集整理侗戏剧本、唱腔、服装、配乐、首饰道具、表演形式等资料。 2. 在文坡村侗家戏台观看枫香侗戏队表演侗戏，并拍照记录，将图片插入对应的侗戏文字资料部分。 3. 以小组为单位，采访侗戏队成员，了解侗族人民将语言和非语言符号的内涵以及生活习惯以侗戏的形式演绎的过程。 4. 根据表演剧目，各小组抽取剧目不同角色，并派出组员代表向侗戏队成员学习一小段侗戏	学生思考、讨论任务，拍照记录	通过搜集整理资料，为学生结合现状思考侗戏的内容来源和流传提供现实基础，加强学生搜集和处理信息的能力
探究新知	**提出问题：** 1. 一场侗戏演出包括哪些要素？ 2. 侗戏服装、道具首饰、演奏乐队的乐器主要由哪些材料制作？与当地的地理环境有怎样的关系？ 3. 侗戏的表演对于村民和侗戏来说有怎样的意义？ **引导思考：** 自然环境、民俗文化	学生讨论并回答问题	梳理侗戏演出要素，了解侗戏演出道具，思考侗戏与侗族生产生活的关系，促进学生综合思维的形成
课堂小结	侗戏于 2008 年被列入第二批国家级非物质文化遗产，传承人为吴尚德，他就是通道侗族自治县黄土乡人。侗戏是深受侗族人民喜爱的地方戏曲剧种，产生于清代嘉庆至道光年间，主要流行于贵州的黎平、从江、榕江，湖南的通道，广西的三江、龙胜等地。 侗戏产生之初，唱腔单调，形式简单，动作朴实，剧情单一。在与其他戏曲剧种交流的过程中，侗戏博采众长，克己之短，努力丰富说、唱、奏、打、舞等艺术手段，丰富了表演形式。同时，侗戏注意增强戏剧冲突，推出了一批情节曲折的作品。流传于南部侗族方言区的"平腔"是通道侗戏最早的唱腔，只有一个上下句，由此派生出"旦腔""开腔""哭腔"等众多曲调	学生归纳总结，教师补充说明	学生自行总结，教师在适当时机给予指导，解答疑惑，做好补充

续表

教学环节	教师活动	学生活动	设计意图
研学评价	完成并提交"研学评价单"		全面评估学生的学习和发展情况，提升学生的自我认知和相互学习的能力

16.2.3　侗戏的传承与发展

建议用时：40 分钟

教学地点：文坡村综合服务中心

活动流程：

教学环节	教师活动	学生活动	设计意图
情景导入	**案例呈现：** 随着侗戏的不断创新，其唱腔音乐出现了较大的突破，歌腔得到广泛应用，新腔也应运而生。侗戏演出剧目较多，传统和现代剧目总数达到三百多种，《刘娱》《珠郎娘美》《雾梁情》等都是其中的代表作品。文坡村组织成立了枫香侗戏队，枫香侗戏队于 2016 年 12 月荣获通道侗族自治县侗戏调演三等奖。目前村内侗戏传承情况较好。 图 16.3　文坡村侗戏队获奖 **布置任务：** 1. 调查文坡村，掌握侗戏表演和乐器演奏的人数、侗戏传承组织和管理人员的人数和年龄构成，实地考察村内专门的侗戏传习基地和演奏场所。 2. 咨询村委会村内总人口数、常年在外务工人口数、超过 60 岁人口数，分析村内人口的年龄构成。 3. 采访村民、侗戏乐队成员、侗戏表演队对于侗戏传承的看法和展望。 4. 根据调查现状，思考如何激活文坡村侗戏传承的活力，以小组为单位提出相应措施，利用侗戏这一民族艺术带动文坡的发展	学生通过实地调查、采访，了解文坡的侗戏传承现状，并提出相应的措施	学生在调查、采访过程中，能够锻炼信息搜集、整理能力，促进多角度思考地理问题。 通过实地感受文坡村侗戏的传承现状和村内不同群体的传承意愿，学生能够更加深刻地感悟和理解文化传承的重要性和意义

续表

教学环节	教师活动	学生活动	设计意图
探究新知	提出问题： 1. 掌握侗戏表演和侗戏乐器演奏的人数有多少？ 2. 村内常年外出务工人员有多少？村内主要的常住人口包含哪几类人群？ 3. 村内居民、侗戏乐队成员、侗戏表演人员、侗戏传承人怎样看待侗戏的传承与未来发展？ 4. 试想有哪些利用侗戏帮助文坡村发展的措施？ 引导思考： 民俗文化传承、村落发展	学生根据自己的调查情况进行资料整理。以小组为单位，归纳小组成员提出的带动文坡村发展的措施，小组派代表发言	学生通过了解侗戏传承人数、有无侗戏传习基地和表演场所、村内人口年龄构成、各类人群对于侗戏传承的意愿等情况，充分了解文坡村侗戏传承现状，激发其对民俗文化传承的关注和思考
课堂小结	侗戏与侗族人民的文化生活紧密相连。无论身处多么恶劣的环境，只要有侗戏，就会有欢乐。侗戏以侗族地区的农耕稻作经济为基础，是这一文化类型的典型特征。侗戏是侗族现存文化传统的重要组成部分。侗戏中既能见到侗族音乐和侗族习俗的元素，也能见到汉族和其他少数民族的影响，可见，侗戏是多元一体民族文化中的瑰宝。 近年来，侗族地区迎来了较为明显的文化变化。一方面，大批侗族青年涌向城市，他们的生活方式、娱乐方式和审美情趣发生了明显变化。另一方面，大量现代文化进入侗族村寨，不断冲击着侗族地区的传统文化	学生归纳总结，教师做补充说明	学生自行总结，教师在适当时机给予指导
研学评价	完成并提交"研学评价单"		全面评估学生的学习和发展情况，提升学生的自我认知和相互学习的能力

16.3 侗戏研学评价

在研学活动结束后，教师鼓励学生以小组为单位展示自己的研学成果，如文坡村照片集锦、调研报告等，教师和全班学生对各小组成果进行打分。为了保障评价的准确性、公平性，还需建立对应的评价指标体系，采用学生自评、互评和师评相结合的方式，全面评估学生的学习和发展情况，提升学生的自我认知和相互学习的能力。

评价方式	评价项	评价内容	自评(30%)	互评(30%)	师评(40%)	研学成绩
过程性评价	政治思想道德（5分/条）	热爱祖国、有坚定的政治立场				
		有较强的文化认同和民族自信				
		诚实守信、尊重当地风俗习惯、保护环境				
	知识学习能力（5分/条）	掌握相关的哲学观点、形成正确的区域认知和人地协调观				
		查阅相关文献，提出因地制宜的策略				
		自主分析总结教师提出的各种问题				
	创造性思维和实践技能（5分/条）	提出独特且有创新性的观点				
		掌握获取和处理信息的方法和手段				
		掌握绘制地图的标准和技能				
		掌握实践操作流程				
	体能与自我管理能力（5分/条）	较强的身体素质、反应灵活，较快适应当地环境				
		有毅力和恒心，积极参与研学实践				
		遵守纪律，保持良好的生活习惯				
	艺术鉴赏兴趣与能力（5分/条）	积极参与研学中非遗技艺的直接体验				
		对艺术作品的形式、风格和意义有自己的理解和感受				
总结性评价	表达交流能力（5分/条）	具有良好的沟通交流能力，有团队协作意识				
		积极参与小组讨论，分享想法、集思广益、互相激发创意				
		充分利用文字、绘图或其他方式表达自己的看法				
	成果展示能力（5分/条）	报告内容完整、表述准确、图片丰富				
		使用PPT、视频、音频等工具展示学习成果				

第 17 章 芦笙：侗寨里的"天籁之音"

17.1 芦笙课程设计

17.1.1 芦笙设计意图

芦笙是侗族最盛行、最受喜爱的一种民间传统器乐，是侗族民间工匠用竹、木、铜片自制而成的传统竹管乐器，侗语叫"伦"。

芦笙音乐和侗族其他音乐艺术形式一样，是随着历史发展和长期的社会生产生活而滋生繁茂的。随着侗族社会的政治、经济和生产生活的发展，芦笙在侗族地区广泛流传。芦笙音乐经过侗族人民的长期实践和不断改造，表现手法趋于完善，内容也更加丰富多彩。每逢重大喜庆节日，数以万计的群众自发相聚吹芦笙、跳铜鼓舞、斗牛、斗鸟、对歌、赛马，盛况空前。吹奏芦笙已成为侗族人民节日期间必不可少的娱乐活动，人们从四面八方汇集，或男吹女跳，或自吹自跳。

侗族芦笙作为侗族传统音乐文化中的核心乐器，在侗族音乐实践的历史长河中，蕴积了丰富的文化内涵，伴生了芦笙音乐、芦笙词、芦笙舞、芦笙祭祀、芦笙传说故事等多种文化形式，孕育出了独特的芦笙音乐文化。这种集器乐、舞蹈、运动和社交于一体的大型民俗表演艺术，承载着侗族重要的历史文化信息和原始记忆，被誉为侗族文化的象征。

2008 年，侗族芦笙音乐被列入第二批国家级非物质文化遗产名录，其国家级非物质文化遗产传承人杨枝光所在的湖南省怀化市通道侗族自治县坪坦乡荣获"中国民间文化艺术之乡"。侗族芦笙主要流传于湘、桂、黔三省（区）交界的侗族南部方言区，在湖南省主要流传于通道侗族自治县的西部和南部区域，分布在甘溪、陇城、坪坦、黄土、马龙、双江、菁芜州、牙屯堡、独坡、播阳、县溪 11 个乡镇。在侗寨举办的各种节庆活动和联寨娱乐活动中，侗族人民以各种形式表演不同的芦笙曲目，所谓"无笙不成礼仪""无笙难显隆重"。如今，坪坦乡一带的侗寨每年都会举行芦笙节，几百支大大小小的侗族芦笙聚在一起，或合奏或对抗。人们身着华丽的侗服，边吹奏、边舞蹈，称为"芦笙踩堂"。芦笙节是当地侗族最重要的盛典之一。

芦笙是侗族人民生活不可缺少的组成部分，是侗族乐舞文化、祭祀文化、婚恋文化、表演文化的载体，它以显著的民族特色引起世人关注，为民间音乐和地方民俗的研究提供了鲜活的例证,具有很高的艺术和民俗研究价值。本课程将带领学生了解芦笙的历史文化背景、材料选取和工艺制作特征与流程等内容,实际参与芦笙的传承与保护,传承和发扬民族文化,提升学生的动手能力和学习能力,更好地培养学生的综合能力。

课程领域:工艺制作、传承保护

适用年级:中学

课时:3 课时

17.1.2 芦笙教学目标

根据侗族芦笙自身价值和张里村可开发的课程资源,面向学生学情,制定张里村研学课程教学目标如下:

1. 人地协调观

(1) 通过对芦笙历史、工艺制作和承载文化的探究性、系统性学习,使学生更深刻地认识到芦笙这类民俗艺术是如何将自然和社会融合的,思考人们对于地理环境的适应和改造过程。

(2) 了解制作芦笙的原材料,调查芦笙的制作过程,体会人类利用自然、改造自然的智慧所在,更好地树立人与自然和谐相处的观念。

2. 综合思维

(1) 搜集张里村的地理位置、气候条件、主要适宜生长植物等资料,分析这些因素对张里村芦笙文化的影响,并进行归纳总结。

(2) 了解侗族芦笙的结构、材料、类型和在侗族民乐中的地位,分析张里村如何更好地利用芦笙来促进村落发展,提出具体可行的发展措施并预测其发展趋势,从而培养思维的深度和广度。

3. 区域认知

(1) 结合所见所学,描述张里村的自然环境特征,分析并评价张里村发展的优势与不足,思考张里村旅游开发对村落本身的影响。

(2) 通过实地观察张里村芦笙的制作,能够分析土壤、地形、气候、水源等因素与芦笙制作的关系。

4. 地理实践力

(1) 以小组合作的形式走访村民并采访芦笙传承人,调查芦笙背后的传统故事、制作技艺和其在村民生活中的主要用途、传承人数、代表意义等,感受张里村的历史文化底蕴,领悟芦笙传承人潜心钻研的工匠精神。

(2) 通过实地考察制作芦笙的材料,合作完成芦笙模型制作,学习芦笙演奏、芦笙舞，体验芦笙节等过程，提高学生的动手操作能力和团结合作能力，培养学生尊重和传承民族文化的责任感和使命感。

17.1.3 芦笙教学准备

1. 确定研学地点

张里村地处湖南省怀化市通道侗族自治县西南角，与广西壮族自治区三江县接壤，隶属于通道侗族自治县陇城镇，村域面积约 9.14 平方千米，村落距离 G209 国道 3.8 千米，距离通道县城 43 千米，交通较为便利。村落建村史可追溯到明代，距今已有五百余年。该村主要人口构成为吴、黄、杨三姓族人。村域环境优渥，属亚热带季风湿润气候区，四季气候温和，夏无酷暑，冬少严寒。村庄山环水绕，周边植被茂密，山间梯田层阶而上，蔚为壮观。村内民居以鼓楼和三圣庙为中心布局，呈扇形向外，由高往低一排一排逐级建设。这里延续了侗族传统群居理念，建筑分布密集，屋檐近乎连着屋檐。民居多使用当地盛产的杉木构筑，为木质干栏式结构，楼高二至三层，屋顶多数为悬山式坡屋顶，少数为歇山顶，以青瓦装饰，造型简单。村落中心建有鼓楼、三圣庙和戏台，是群众及宗族开展议事、集会和节庆活动的重要场所。

2. 核心概念

（1）景观。景观是某一区域的综合特征，包括自然、经济、人文等方面。

（2）人地关系。人地关系是人文系统与自然环境系统动态关系的简称。人类和自然环境在人文生态系统中是相互依存、相互制约的两大要素。

（3）地域文化。地域文化一般指特定区域源远流长、独具特色并且仍发挥作用的文化传统，是特定区域的生态、民俗、传统和习惯等文明的表现。

（4）植被。植被指某一地区土地表面所覆盖的植物群落。依植物群落类型，可分为草甸植被、森林植被等。

3. 研学前准备

教师实地考察有关张里村的研学资源，认真拟定研学方案，进行研学活动设计并编制研学手册，发放至学生，帮助学生了解此次研学的内容安排。学生组建研学小组，投票选出小组长，明确小组成员，小组长根据研学手册内容结构，安排小组成员调查相应内容并进行资料整合，如芦笙的历史渊源、制作过程和表演的图片视频，张里村环境格局图，芦笙传承人现状等，帮助学生在研学开始前熟悉研学村落背景。

4. 教学材料

张里村全景展示视频、遥感影像图、芦笙制作介绍视频、芦笙传承人简介、芦笙模型制作材料包、形色植物识别软件、张里村现有研学资源。

教学设备：希沃白板、多媒体课件、研学手册、研学评价表。

5. 教学建议

教学重点：民族文化与地理环境的关系、民俗文化的传承与发扬。

教学难点：自然环境与人文要素对民俗文化的影响。

6. 活动要求

1）文明纪律

服从安排，准时守约，文明礼貌，注意安全。

2）学习要求

积极思考，主动交流，及时记录，合作讨论，认真完成学习任务。

3）成果要求

（1）个人成果。

①提交一份实践报告（包括活动概述、实践收获、心得体会、创新构想）。

②整理一套研学活动照片集锦。

（2）班级成果。

①发布一篇本次活动的新闻报道。

②汇总并讨论研学调查数据，撰写一份分析报告。

③形成本次研学活动的材料汇总（包括方案、新闻报道、个人报告、分析报告和照片）。

17.2 芦笙教学过程

17.2.1 张里村初印象

建议用时：40分钟

教学用具：张里村综合服务中心、张里村全村、古戏园

活动流程：

教学环节	教师活动	学生活动	设计意图
情景导入	**案例呈现：** 张里村外与广西三江侗族自治县程阳八寨景区接壤，内与洞雷村等村寨相连，是湘、桂两地侗族人民经济和文化交流的重要节点。正是因为自然与人文艺术的相互交融，张里村成为一个环境优美、人文荟萃的传统古村落。		

第 17 章　芦笙：侗寨里的"天籁之音"

续表

教学环节	教师活动	学生活动	设计意图
情景导入	图 17.1　张里村 **布置任务：** 1. 根据学生自行收集的张里村环境格局图，结合电子地图中的卫星地图模式，描述张里村的地理位置。 2. 跟随研学导师和熟悉村内环境的导游、村民等，参观游览村落的自然风光、特色建筑和民俗文化，并拍摄记录。 3. 在古戏园观看张里村桂剧，并思考桂剧在张里村流传的原因和张里村居民对桂剧和本土文化的结合所采取的措施	学生观察地图，游览村落并拍照记录。 学生观看张里村桂剧后思考并讨论问题	通过观察地图、使用地图、描述地理位置，培养学生的读图、用图、析图能力，帮助学生认识到区位选择的重要性。 在参观游览张里村的过程中，学生能够体会到侗族文化的魅力，培养学生对少数民族地区之美的整体感受能力，提高审美能力
探究新知	**提出问题：** 1. 张里村的地理位置有什么特点？对其发展有哪方面的影响？ 2. 张里村有哪些特色的民俗文化和艺术形式？与其地理位置有怎样的关系？ 3. 为什么广西的桂剧会在张里村出现？张里村居民一般在什么时候会在戏园里观看桂剧？ 4. 桂剧、侗戏、芦笙这类民俗艺术对当地居民有着怎样的重要意义？ **引导思考：** 文化融合、民俗艺术形式	学生回答张里村位于湘桂交界处，两地文化沟通交流多，艺术形式互相学习融合 学生讨论并回答问题	通过张里村位于湘桂交界处的地理区位，来一步步探究地理区位与艺术形式交流融合的关系，符合学生的认知规律。 学生通过观看桂剧表演，融入当地生活，能够更切实地思考民俗艺术是当地居民实践发展的产物，具有一定的实际价值

续表

教学环节	教师活动	学生活动	设计意图
课堂小结	张里村与广西三江侗族自治县接壤，在湘桂两地的民间艺术交流中，桂剧的表演形式深受张里村民众的喜爱。古戏园作为各民族各地区传统文化交流的场所，促使张里村成了桂剧的流传地。聪明的张里村人将桂剧与本土文化有机结合，造就了张里村桂剧独特的表现形式。张里村桂剧的旋律优美动听，舒缓平和，自然流畅，可谓"桂剧在湖南的唯一幸存"。每逢年节、庙会，人们便聚集在张里村戏园中，观看桂剧表演。 张里村桂剧传承情况良好，现在村中的桂剧传承人为李干合。村中设有桂剧班，戏班尚有部分年轻人加入	学生归纳并总结影响民俗文化形成和改变的因素，教师适当作补充	学生自行总结影响因素，教师在适当时机给予指导，解答疑惑，做好补充
研学评价	完成并提交"研学评价单"		全面评估学生的学习和发展情况，提升学生的自我认知和相互学习的能力

17.2.2 与芦笙相遇

建议用时：40 分钟

教学地点：张里村综合服务中心、鼓楼、芦笙乐队

活动流程：

教学环节	教师活动	学生活动	设计意图
情景导入	**案例呈现：** 芦笙是通道侗族自治县广为流传的传统乐器。芦笙制作技艺包括选择材料、准备竹管、安装簧片、凿按音孔、试音等 30 多道工序。芦笙的主体称笙斗，呈纺锤形。芦笙制作对材料的耐用性和稳定性有一定要求，一般采用杉木作架，便于取材，因为杉木木质优良。竹管是当地的芦笙竹，纤细坚硬，对其采用部位也有讲究，需晾晒后对其矫正。 图 17.2 侗族芦笙	学生畅谈了解到的芦笙相关知识，尝试说明芦笙原材料选取与自然环境的关系	在了解和学习的过程中，培养学生考察、搜集、记录、整理信息的能力，鼓励学生总结芦笙的相关知识，提高学生的表达、沟通、总结归纳能力，并在这个过程中，进一步加深对芦笙的认识。

第 17 章　芦笙：侗寨里的"天籁之音"

续表

教学环节	教师活动	学生活动	设计意图
情景导入	**布置任务：** 1. 观看芦笙介绍视频，结合自身搜集的资料和观察体验，总结芦笙的历史故事和制作过程。 2. 调查芦笙制作所需的杉木、芦笙竹等原材料在张里村的分布范围，绘制简易分布图，思考适宜其生长的环境条件。 3. 观看张里村芦笙乐队演奏，采访乐队成员芦笙乐器衍生的活动形式（如芦笙舞、芦笙节），以及芦笙蕴含的表演、节庆、丧葬文化，感悟芦笙在侗族人心中的重要意义和作用	学生观看乐队演奏并拍摄视频记录，采访乐队成员有关芦笙文化的相关知识	通过分析芦笙原材料与地理环境的关系，促使学生从综合的角度看待事物，培养学生的综合思维。 通过实地观看芦笙乐队演奏并采访乐队成员，能够掌握到有关芦笙文化的第一手资料。在交流的过程中，进一步启发学生思考，感悟芦笙文化之美
探究新知	**提出问题：** 1. 芦笙的来源传说和历史故事有哪些？ 2. 芦笙的制作要经历哪些步骤？需要使用什么材料？ 3. 芦笙原材料的选取与张里村所处的地理环境有怎样的联系？原材料主要分布在张里村哪些区域？ 4. 你了解到有哪些芦笙衍生的艺术形式？这些艺术形式与当地的哪些风俗习惯有关？ **引导思考：** 民俗艺术形式、工艺制作与自然环境	学生总结芦笙的原材料主要为杉木和芦笙竹。杉木和芦笙竹喜欢温暖湿润的环境，较不喜光，多生长于阴坡、山坳等区域，要求土壤尽可能疏松、透气且透水性高。杉木和芦笙竹在张里村东北部分布较多，村民可以就地取材	学生通过了解芦笙来源、理清芦笙制作步骤、观看芦笙演奏、感受芦笙文化等过程，一步步加深对芦笙的认识和感悟，能够深化对侗族民俗艺术的认识。 学生通过调查芦笙制作材料在张里村的区位，思考工艺制作与自然环境的关系，有利于人地协调观和综合思维的培养

续表

教学环节	教师活动	学生活动	设计意图
课堂小结	1. 在一个芦笙乐队中，常以一支高音芦笙作为领奏乐器，配合其他音调的芦笙共同演奏。在通道侗族自治县区每年都会有芦笙活动，各村各寨的芦笙队伍相互比赛，共同演奏，其曲气势雄壮，其声震彻山谷。伴随芦笙演奏表演的还有芦笙舞，这是一种随芦笙起舞的侗族舞蹈，有"自吹、自舞、边吹边舞"和"吹者自吹，舞者自舞"两种表演形式。每到节庆，芦笙手边吹边舞，舞步时而活泼有力，时而诙谐风趣，时而旋转如飞，一曲紧接一曲，芦笙不停，舞步不息。 2. 芦笙不仅是一种民族乐器，而且是侗族男女青年成婚的重要"媒介"。有情的小伙子手捧心爱的芦笙吹一首婉转悠扬的爱情曲，姑娘们闻声，就心领神会，以清脆的歌声相对。 3. 张里村现组建有芦笙乐队，在节庆时常与周边村落进行芦笙吹奏互动	学生归纳，教师做补充说明	学生自行总结，教师在适当时机给予指导，帮助学生理清知识逻辑
研学评价	完成并提交"研学评价单"		全面评估学生的学习和发展情况，并提升学生的自我认知和相互学习能力

17.2.3 张里村的发展之路

建议用时：40分钟

教学地点：张里村综合服务中心

活动流程：

教学环节	教师活动	学生活动	设计意图
情景导入	**案例呈现：** 张里村非物质文化遗产丰富，传承较好，有芦笙音乐、侗锦等多种国家级非物质文化遗产。作为怀化市保存相对完好的侗族村落之一，张里村于2019年成功入选第五批中国传统村落。整个村落建筑群与周围的自然、人文环境和谐统一，相得益彰，具有极高的科学艺术价值、历史文化价值和研究价值。		

续表

教学环节	教师活动	学生活动	设计意图
情景导入	图 17.3　张里村芦笙表演 **布置任务：** 1. 调查张里村芦笙制作技艺人、芦笙演奏人、芦笙乐队的组织和管理人员的人数和年龄构成，考察村内专门的芦笙传习基地。 2. 询问村委会村内总人口与常年在外务工人口数，分析村内的年龄构成。 3. 采访村内居民、芦笙乐队成员、芦笙制作人员对芦笙传承的看法和展望。 4. 根据调查现状，思考如何激活张里村芦笙传承的活力，以小组为单位提出相应措施，利用芦笙这一民族特色带动张里村的发展	学生通过实地调查、采访，了解张里村的芦笙传承现状，并提出相应的措施	学生在调查、采访过程中，能够锻炼信息搜集、资料整理能力，促进多角度思考地理问题。 通过实地感受张里村芦笙的传承现状和村内不同群体的传承意愿，学生能够更加深刻地感悟和理解文化传承的重要性和意义
探究新知	**提出问题：** 1. 掌握芦笙制作、演奏的人数有多少？ 2. 村内常年外出务工人员有多少？村内主要是哪几类人群常住？ 3. 村内居民、芦笙乐队成员、芦笙制作人员怎样看待芦笙传承？ 4. 你能提出哪些利用芦笙帮助张里村发展的措施？ **引导思考：** 民俗文化传承、村落发展	学生根据自己的调查情况进行资料整理，以小组为单位，归纳小组成员提出的带动张里村发展的措施，小组派代表发言	学生通过了解芦笙传承人数、有无芦笙传习基地、村内年龄构成、各类人群对于芦笙传承的看法等过程，充分了解张里村芦笙传承现状，激发其对于民俗文化传承的关注和思考

教学环节	教师活动	学生活动	设计意图
课堂小结	芦笙与侗族人民的文化生活紧密相连。侗族人民视芦笙活动为团结、友好和力量的体现，象征着太平盛世、国泰民安，是精神生活中必不可少的内容。芦笙活动体现了侗族古朴的文化艺术和丰富的精神生活。 进入21世纪，随着地区社会经济的迅猛发展和科技的进步，人们的传统文化生活观念逐渐发生改变。制作芦笙、演奏芦笙，跳芦笙舞作为一种传统的文化生活，受到了现代文化的强烈冲击。人们对芦笙逐渐失去兴趣，芦笙音乐文化的发展后继乏人，侗族芦笙的传承和保护任重道远	学生归纳，教师做补充说明	学生自行总结，教师在适当时机给予指导，帮助学生理清知识逻辑
研学评价	完成并提交"研学评价单"		全面评估学生的学习和发展情况，提升学生的自我认知和相互学习能力

17.3 芦笙研学评价

在研学活动结束后，教师鼓励学生以小组为单位大胆展示自己的研学成果，如张里村照片集锦、调研报告等，教师和全班学生对各小组成果进行打分。为了保障评价的准确性、公平性，还需建立对应的评价指标体系。本课程采用学生自评、互评和师评相结合的方式，全面评估学生的学习和发展情况，并提升学生的自我认知和相互学习的能力。

评价方式	评价项	评价内容	自评(30%)	互评(30%)	师评(40%)	研学成绩
过程性评价	政治思想道德 （5分/条）	热爱祖国、有坚定的政治立场				
		有较强的文化认同和民族自信				
		诚实守信、尊重当地风俗习惯、保护环境				
	知识学习能力 （5分/条）	掌握相关的哲学观点，形成正确的区域认知和人地协调观				
		查阅相关文献，提出因地制宜的策略				
		自主分析总结教师提出的各种问题				
	创造性思维和实践技能 （5分/条）	提出独特且有创新性的观点				
		掌握获取和处理信息的方法和手段				
		掌握绘制地图的标准和技能				
		掌握实践操作流程				

续表

评价方式	评价项	评价内容	自评（30%）	互评（30%）	师评（40%）	研学成绩
过程性评价	体能与自我管理能力（5分/条）	较强的身体素质、反应灵活，较快适应当地环境				
		有毅力和恒心，积极参与研学实践				
		遵守纪律，保持良好的生活习惯				
	艺术鉴赏兴趣与能力（5分/条）	积极参与研学中非遗技艺的直接体验				
		对艺术作品的形式、风格和意义有自己的理解和感受				
总结性评价	表达交流能力（5分/条）	具备良好的沟通交流能力，有团队协作意识				
		积极参与小组讨论，分享想法、集思广益、互相激发创意				
		充分利用文字、绘图或其他方式表达自己的看法				
	成果展示能力（5分/条）	报告内容完整、表述准确、图片丰富				
		使用PPT、视频、音频等工具展示成果				

第 18 章　大歌：无指挥的合唱团

18.1　大歌课程设计

18.1.1　大歌设计意图

侗族大歌是一种"众低独高"的多声部、无指挥、无伴奏、自然合声的民间音乐，其精髓是模拟鸟叫虫鸣、高山流水等大自然的声音。据记载，明代邝露在其所著的《赤雅》一书中清楚地记录了"侗人善音乐，弹胡琴，吹六管，长歌闭目，顿首摇足"的情景。由于侗族没有文字，人与人的交流只能依靠侗语，因而侗族大歌中蕴含的文化知识成为后辈了解祖先和侗族文化的重要途径。侗族大歌作为族群身份认同、本族起源与发展认知的载体，是维系血缘关系的纽带和寄托祖先崇拜的灵魂基因，拥有着语言符号的意义。传统的侗族大歌多歌唱自然生态、农业劳作、爱情友情，是人与自然、人与人之间和谐美的充分展露，这一时期的侗族大歌演唱是侗族语言文化传承的集中实践。传统社会中侗族大歌的传承主要通过口述和示范，由侗族歌师或家族长辈将歌曲的歌词、旋律、节奏以及表演技巧传授给后代。1995 年，皇都侗文化艺术团的成立使侗族大歌逐步为世人所知；2009 年，侗族大歌被列入人类非物质文化遗产代表作名录。之后，皇都村将侗族大歌打造成专业化的舞台展演，并推动侗族大歌的合理开发。侗族大歌作为皇都村世代相传的文化，因其记录生产生活知识、承载村规民约及沟通婚恋嫁娶而与村民产生深厚的情感联系。皇都村的旅游开发使侗族大歌受到现代化和商品化的影响，居民的日常生活与情感交换情境发生变化。现代化背景下，信息技术与社交网络的出现使侗族大歌能够以视频、音频等数字形式储存，而且，专家重视侗族大歌的传承，并开始尝试用文本的形式呈现侗族大歌。

课程领域：地域文化、产业结构、文化传承

适用年级：中学

建议课时：3 课时

18.1.2　大歌教学目标

在实地研学前，教师引导学生观看介绍皇都侗文化艺术团与侗族大歌的视频或图片，帮助学生了解皇都村侗族大歌的发展历程以及侗族大歌的歌词、组织形式、展演方式。

第18章 大歌：无指挥的合唱团

在研学过程中，教师引导学生关注侗族大歌相关的研究话题，引导学生思考侗族大歌的产生背景、当地的社会结构与文化习俗特点。在研学即将结束时，教师引导学生探讨侗族大歌对于当地社会、文化、生态和经济等方面的价值，激发学生的热情和好奇心。明确以下研学目标：

1. 人地协调观

（1）了解侗族大歌相对于其他民间音乐的特点，思考侗族大歌的特点与侗族的社会结构和文化习俗有何联系。切身体验侗族大歌的音乐旋律与演唱形式，思考侗族大歌在侗族居民的生产、生活中发挥着怎样的功能，侗族大歌的形成体现了侗族人怎样的生活智慧。

（2）结合皇都村的地形特点、自然环境，思考侗族大歌的演唱特点与地理环境的关系，阐述其与人类活动和地理环境的关系，理解人地协调发展的重要性。

2. 综合思维

（1）通过组织学生演唱侗族大歌，思考侗族大歌涉及的题材，其歌词中体现了哪些自然要素和怎样的人地关系。带领学生思考相关问题，加强对学生综合思维的培养。

（2）能够结合皇都村产业结构发展变化图，简单分析侗族大歌的旅游开发对皇都村的经济结构产生的影响。

3. 区域认知

（1）能够认识到皇都村侗族大歌的开发与交通条件改善、现代信息技术推广等方面的联系，从区域的角度出发认识地理事物。

（2）侗族大歌演唱场所有哪些？这对当地的文化景观产生了哪些影响？学生思考相关问题，并能够指出城乡景观对地域文化的反映。

4. 地理实践力

（1）通过采访侗族大歌传承人与普通村民、查阅文献和获取信息资料等过程，培养学生的交往沟通、信息收集和动手操作能力。

（2）学生通过学唱侗族大歌，感受侗族大歌与当地居民之间的关系，能够多角度、深层次地了解侗族大歌对于当地居民的社会价值。

18.1.3 大歌教学准备

1. 确定研学地点

皇都村位于湖南省怀化市通道侗族自治县坪坦乡，是目前物质文化遗产和非物质文化遗产保存较好的侗族文化区。侗族大歌植根于皇都村独特的地理环境，产生于本地居民的日常生活实践。村民们借助歌词中的生产知识来指导农业生产，每逢节庆村民们便会在鼓楼等场所合唱侗族大歌，表达群体间的深厚感情。

2. 核心概念

（1）文化治理。文化治理指通过所有共同体成员之间的共同参与和良性互动，强化价值认同，建构精神秩序，进而在心理认同下进行集体行动和自觉治理，即"透过文化和以文化为场域达到治理的目的"。

（2）文化景观。文化景观是指人类在地表上的活动产物。它是人类活动所造成的景观，反映文化体系的特征和一个地区的地理特征。

（3）产业结构。产业结构又称国民经济的部门结构，是国民经济各产业部门之间以及各产业部门内部的构成。

（4）民族音乐。民族音乐是祖祖辈辈生活、繁衍在土地上的各民族，在悠久历史文化传统上创造出的具有民族特色的音乐，能体现民族文化和民族精神。

3. 教学材料

侗族大歌视频、纪录片、照片、皇都侗文化艺术团发展史、室内演出场。

教学设备：希沃白板、研学手册、研学评价表。

4. 教学建议

教学重点：地域文化的特征；侗族大歌的传承方式与传承危机、皇都村产业结构。

教学难点：侗族大歌的形成与地域文化的关系、旅游开发对侗族大歌传承的影响。

5. 活动要求

1）文明纪律

服从安排，准时守约，文明礼貌，注意安全。

2）学习要求

通过参与式观察积极主动地了解侗族大歌相关内容，对当地居民进行深入访谈并记录访谈内容。

3）成果要求

（1）个人成果。

①学生以"侗族大歌在居民日常生活中发挥的价值"为题写一篇500字的论述文。

②整理一套研学活动照片集锦。

（2）班级成果。

①发布一篇本次活动的新闻报道。

②汇总并讨论研学调查数据，撰写一份分析报告。

③各小组之间以"侗族大歌原真性保护与现代化开发"为题开展辩论赛，并以报告的形式记录辩论过程。

18.2 大歌教学过程

18.2.1 鉴赏侗族大歌

建议用时：40 分钟

教学用具：侗族大歌音频与视频

活动流程：

教学环节	教师活动	学生活动	设计意图
情景导入	**案例呈现：** 播放《布谷催春》。 图 18.1 侗族大歌 **布置任务：** 请同学们以小组为单位，鉴赏皇都村侗族大歌的展演活动，重点留意侗族大歌的演唱特点，并分享自己的心得体会	学生思考并讨论侗族大歌的内容	通过收听收看侗族大歌相关的音乐、视频等，感受侗族大歌的魅力，使学生在欣赏侗族大歌的过程中提高审美情趣
探究新知	**提出问题：** 1. 侗族大歌与我们平时所听的音乐有何不同？ 2. 侗族大歌多声部、无指挥、无伴奏的合唱形式与当地的地理环境有何关联？与侗族居民的社会组织形式有何联系？ **引导思考：** 自然环境、风水观念、民俗崇拜、农业生产、节庆活动、婚姻制度、知识传承、村寨和谐、民族认同	学生归纳并总结侗族大歌的演唱特点及其与地理环境的联系，教师补充说明。 学生讨论并回答问题	与其他音乐形式进行对比，激发学生的学习兴趣

续表

教学环节	教师活动	学生活动	设计意图
课堂小结	侗族大歌在侗语中俗称"嘎老","嘎"代表歌,"老"具有宏大和古老之意。模拟鸟叫虫鸣、高山流水等大自然之音,是侗族大歌编创的一大特色,是大歌声音的自然根源。侗族大歌必须由三人以上来演唱,多声部、无指挥、无伴奏是合唱形式的主要特点。 侗族大歌的演唱形式是侗族人民在长期集体劳动的生产生活实践中形成的。侗族人民生活在山区,以农业为主要生产方式,集体劳动是其生产生活的重要组成部分。在集体劳动中合唱侗族大歌可提高工作效率,同时也能够增强侗族人民之间的凝聚力和团结意识。 侗族大歌的演唱形式还与当地的宗教信奉与礼仪习俗高度关联。侗族信奉原始宗教,崇拜自然力量和祖先,大歌是侗族人民在宗教仪式和重要节日中的重要沟通交流方式。侗族大歌能够传递祭祀和祈福的意义,与侗族的宗教信仰和礼仪习俗结合后,形成了独有的音乐形式。 侗族大歌与社会婚姻制度、知识传承、村寨和谐、民族认同密切相关,一是与婚姻制度密切相关,在传统南侗社会,男、女歌班成员通过鼓楼对歌相识和相恋。二是与文化知识传承密切相关,当地居民通过学习侗族大歌来记录生产生活知识。三是加强村寨之间的联系,不同血缘和地缘关系的侗族群众通过共同演唱侗族大歌来维持寨际关系的和谐。四是维持村落的内部秩序	学生归纳总结,教师补充说明	帮助学生构建知识树,巩固新知
研学评价	完成并提交"研学评价单"		从德、智、体、美、劳五个方面,全面评价学生的学习过程与学习结果

18.2.2　侗族大歌的传承

建议用时：40分钟

教学用具：侗族大歌相关的视频和音频

第 18 章 大歌：无指挥的合唱团

活动流程：

教学环节	教师活动	学生活动	设计意图
情景导入	**案例呈现：** 教师带领学生参与侗族大歌的学习活动，让学生了解当代侗族居民如何学习侗族大歌。走访当地学校，了解侗族大歌的课程设计，亲身体验侗族大歌的课程学习。 图 18.2　艺术团在亲水平台表演侗族大歌 **布置任务：** 请同学们以小组为单位，走进皇都村，重点观察侗族大歌的传承方式，并分享自己的心得体会	学生思考城市化、信息化以及传统村落旅游开发对侗族大歌的传承带来哪些影响	通过分析外部环境变化对侗族大歌产生的影响，帮助学生认识侗族大歌传承背景变化带来的连锁反应，培养学生的地理环境整体性思维
探究新知	**提出问题：** 1. 侗族大歌在侗族居民农业生产、日常生活中发挥什么作用？ 2. 侗族大歌有哪些传承方式？其中，哪些是传统的传承方式？哪些是新出现的传承方式？ **引导思考：** 歌师教学、近亲教学、视频与音频等记录方式、学校传习	学生可以通过参与式观察法、访谈法等调查方法，深入了解侗族大歌传承过程中面临的困境，通过文献整理了解民族文化当前所面临的困境	小组探究使得学生的集体意识得到培养，有利于学生之间相互学习，提高学生的人际交往能力
课堂小结	侗族大歌主要在青年男女交往、祭祖等民间节庆、寨际交往、生产生活和旅游展演等场合中进行展示。 侗族大歌是侗族文化的重要组成部分，通过口头传承的方式代代相传。侗族大歌传统习得方式一般可分为向歌师学习、向近亲属学习和"偷学"三种类型。新出现的传承方式有两种，一是借助新媒体工具学习侗族大歌，二是在学校里学习侗族大歌	学生与教师共同归纳并总结	帮助学生构建知识树，巩固新知
研学评价	完成并提交"研学评价单"		从德、智、体、美、劳不同角度对学生进行评价

18.2.3 侗族大歌的传承危机

建议用时：40 分钟

教学用具：侗族大歌发展纪录片

活动流程：

教学环节	教师活动	学生活动	设计意图
情景导入	**案例呈现：** 旅游开发对侗族大歌表演形式的影响。 **布置任务：** 请同学们以小组为单位，以旅游开发对民族文化产生哪些影响为调研主题，访谈皇都村村民并整理访谈资料	学生展开访谈，并形成访谈报告	增强学生的民族自信心，激发学生对侗族文化的兴趣
探究新知	**提出问题：** 1. 旅游开发对侗族大歌的传承有哪些影响？请你评价这些影响。 2. 侗族大歌最初的文化内涵和意义还会继续保存吗？旅游开发对侗族大歌文化意义的改变是否有利于侗族大歌的传承？ 3. 城市化和现代化对侗族大歌的发展提出了哪些挑战？请你为侗族大歌的有效传承提出对策。 4. 皇都村侗族大歌的开发对当地经济有何影响？ 5. 皇都村的发展模式对乡村振兴与传统村落保护有何借鉴意义？ **引导思考：** 传承人数量、传承人年龄结构、传承人性别、歌师的社会地位、传承载体等	学生讨论并回答问题	引导学生开展实地调查，学以致用解决生活中的地理问题，提高学生的地理实践能力，增强学生的综合思维能力
课堂小结	1. 传承出现断层：受城市化的影响，年轻歌师外出务工，再加上侗语汉化的趋势使得从小学习侗族大歌人数下降、群体演唱侗族大歌的频率下降。 2. 社会地位下降：市场驱动人们追求利益，传承侗族大歌对个体提升收入水平的贡献比较少，传承侗族大歌对年轻人的吸引力降低。 3. 传承载体缺失：侗族没有文字，歌曲传承困难。歌师在没有文字的情况下全靠口授，所以学习侗族大歌是一个系统化的过程。	学生与教师共同归纳并总结	帮助学生构建知识树，巩固新知
研学评价	完成并提交"研学评价单"		教师基于全面性原则、开放性原则、激励性原则对学生进行评价

18.3 大歌研学评价

本次研学活动需教师基于全面性原则、表现性原则、开放性原则、激励性原则对学生进行评价。结合新时代的教学观，教师对学生的评价要从"注重结论、轻过程"向"重结论，更重过程"转变，对学生的评价以过程性评价为主、总结性评价为辅。

评价方式	评价项	评价内容	自评（30%）	互评（30%）	师评（40%）	研学成绩
过程性评价	政治思想道德（5分/条）	热爱祖国、有坚定的政治立场				
		有较强的文化认同和民族自信				
		诚实守信、尊重当地风俗习惯、保护环境				
	知识学习能力（5分/条）	正确的区域认知和人地协调观				
		对已有知识的迁移能力				
		自主分析总结教师提出的各种问题				
	创造性思维和实践技能（5分/条）	善于发现问题				
		掌握获取和处理信息的方法和手段				
		有探究问题的精神				
		有较强的解决问题的能力				
	体能与自我管理能力（5分/条）	较强的身体素质、反应灵活，较快适应当地环境				
		有毅力和恒心，积极参与研学实践				
		遵守纪律，保持良好的生活习惯				
	艺术鉴赏兴趣与能力（5分/条）	积极参与研学中非遗技艺的直接体验				
		对艺术作品的形式、风格和意义有自己的理解和感受				
总结性评价	表达交流能力（5分/条）	具备良好的沟通交流能力，有团队协作意识				
		积极参与小组讨论，分享想法、集思广益、互相激发创意				
		充分利用文字、绘图或其他方式表达自己的看法				
	成果展示能力（5分/条）	报告内容完整、表述准确、图片丰富				
		采用口头报告、书面报告和论文等形式进行成果展示				

第 19 章　多耶：跳出"最炫民族风"

19.1　多耶课程设计

19.1.1　多耶设计意图

多耶作为侗族文化中的重要歌舞元素，起源于侗族先民的生产劳动。在地理环境因素的影响下，侗族祖先主要从事渔猎、养殖和简单的农耕，生产力十分低下。为了征服自然、发展生产，侗族祖先创造了反映集体劳动生活的歌舞形式，称之为耶，进行此项活动时被称为多耶。宋代时，多耶已经盛行，是侗族地区的集体庆祝活动。宋代文献中有对多耶活动的记载，描述了当时的歌唱和舞蹈场景。

多耶可分为两大类，一是祭祀性的歌舞"耶堂"，二是自娱性的歌舞"耶铺"。在多耶活动中，人们演唱传统民歌，如"祖母耶歌""父母耶歌""星宿耶歌""争取平等耶歌"等。这些歌曲内容丰富多样，涵盖了侗族生活的方方面面，包括春节祭萨、庆贺典礼等。表演时，年轻男女手牵手围成圆圈，边唱边舞，展示了侗族特有的服饰和舞蹈动作。

随着社会的变迁，北侗地区的多耶活动逐渐消失，但南侗地区仍然保持了多耶久唱不衰的传统。多耶作为侗族人民的基本文化节令，承载了丰富的文化知识，起到了传承侗族历史和文化的作用。然而，随着现代社会的发展和文化的交融，多耶活动也产生了一定的变化，尤其在开放交流的背景下，外来文化对其产生了一定影响。一些传承人努力保护和发展多耶表演，但也有部分多耶形式逐渐被淘汰，让位于与时代同步的新的舞蹈与健身内容。在保护措施方面，一些地区已经获得了非物质文化遗产代表性项目单位的保护资格，为多耶的保护和传承提供了支持。

总之，多耶作为国家级非物质文化遗产，承载着丰富的审美、艺术和文化价值，是侗族先民智慧的结晶，也是中华民族宝贵的文化财富。它体现了中国古代文化的传承，彰显了侗族的多元文化。在当今社会，我们有责任更加重视多耶这一传统文化表达形式，保护和传承其深厚的文化内涵和历史价值。通过多耶相关知识的学习和实践，让学生深入了解多耶的起源、发展和文化内涵；通过欣赏和参与多耶表演，培养学生对民族文化的鉴赏力和对美的欣赏能力。

课程领域：艺术素养、审美能力、文化传承

第 19 章 多耶：跳出"最炫民族风"

适用年级：中学、大学

建议课时：3 课时

19.1.2 多耶教学目标

教师实地考察、调研，搜集与广西三江侗寨多耶相关的研学资源。以多耶为主题，设计研学活动，编制手册并分发给学生，旨在让学生深入了解三江侗寨多耶的丰富内涵。小组长按手册内容结构安排小组成员调查多耶的历史渊源、传统仪式、歌舞形式、服饰特点等资料，并进行资料整合。在实地研学前，学生观看介绍三江侗寨多耶的视频或图片，领略多耶的祭祀仪式、歌舞传统、传承方式等方面的文化魅力，激发学生的学习热情。明确以下研学目标：

1. 人地协调观

（1）透过多耶的起源与传承，深入探讨侗族智慧在自然与文化交融中的表达方式。通过了解多耶的起源背景，培养学生欣赏侗族先民在适应自然、利用自然等方面的能力，引导其认识到人与自然和谐相处的重要性。

（2）学生观看多耶表演，切身体验侗族文化的艺术魅力，有助于提高学生对多耶文化的理解，也能从美学的角度激发学生对侗族的地方认同感和依恋感。

2. 综合思维

（1）通过观看多耶表演，结合所学的文化知识，深入体验多耶作为祭祀歌舞的独特魅力。引导学生思考多耶在侗族文化中的重要地位，培养学生的综合文化素养，进一步了解侗族的传统庆典。

（2）深入了解多耶表演，分析多耶文化在现代社会面临的挑战，并为应对挑战提供解决办法。学生通过思考与交流，可从多角度理解和关注传统文化的保护与传承。

3. 区域认知

（1）学生通过欣赏多耶表演，理解多耶形成过程中所受到的影响。认识到多耶作为一种祭祀歌舞，受到了侗族聚居地自然环境的影响，从而更好地理解多耶在侗族文化中的独特地位。

（2）从自然环境的角度，深入分析侗族地域文化的特色和形成原因，强调多耶作为文化传承的载体，对地域文化具有深刻的反映。通过观看多耶表演，让学生感知不同侗族聚居地的文化差异，进一步增强对地域文化的理解。

4. 地理实践力

（1）学生自主收集多耶的相关资料，深入了解多耶的舞蹈形式和历史渊源，激发学生获取和处理信息的主动性，有助于学生更全面地认知多耶文化的根源、发展脉络和表演形式。

（2）通过与多耶舞蹈传承人交流学习、观看多耶表演和以小组为单位欣赏多耶舞蹈，增强学生对侗族地域文化的理解，提升学生对舞蹈艺术的观察和学习能力。让学生感受到多耶舞蹈的独特魅力的同时，加深对侗族地域文化的认同。

19.1.3 多耶教学准备

1. 确定研学地点

本次研学地点是广西壮族自治区柳州市三江侗族自治县，位于广西壮族自治区北部。三江县作为中国侗族人口分布最集中的地区之一，居民中约有90%是侗族。随着侗族大歌这一多声部、无指挥、无伴奏、自然和声的民间合唱形式的走红，三江县成为文化旅游的热门目的地，吸引了许多游客的到访。依托其"百节之乡"的地域特色，三江县大力发展节日旅游，其中最具规模的是一年一度的侗族"多耶节"，已经成为三江旅游的一张名片，在塑造三江旅游形象、促进三江旅游发展方面发挥着积极的作用。

多耶在侗寨旅游发展中扮演着至关重要的角色，多耶节的举办对桂、湘、黔三省（区）侗族聚居地区的经济社会发展起到了巨大的推动作用，尤其在推动民族文化和旅游产业发展方面表现突出。三江县已成功举办多届"多耶程阳桥"文化旅游节，通过举办侗族服饰展览、跳多耶舞等富有民族特色的系列活动，为侗族传统服饰的传承发展和宣扬侗族文化提供了有力支持。为侗族文化的传承创造了有利条件的同时，也为歌班、歌队以及歌师的再度崛起提供了契机，使得侗族大歌的潜在价值逐渐被挖掘出来。三江县侗族的多耶是促进侗族村寨发展的典型代表。

2. 核心概念

（1）地方感。地方感是指人们对于特定地方的情感依附和认同，主要包括地方依恋和地方认同。

（2）地方依恋。地方依恋指人与特定地方之间建立起的情感联系，以表达人们倾向于留在这个地方，并感到舒适和安全的心理状态。

（3）地方认同。地方认同指个人或群体与地方互动从而实现社会化的过程。这种特殊的社会化包含了情感、感知与认知等多种复杂的过程。通过这一过程，个人与群体将自身定义为某个特定地方的一员，从而通过地方来构建自身在社会中的位置与角色。

3. 教学材料

展板和板贴等工具、三江县侗寨多耶节歌舞视频、有关多耶历史演变的视频、多耶发展问题采访视频和三江县侗寨其他现有教学资源。

教学设备：希沃白板、研学手册、研学评价表。

第 19 章　多耶：跳出"最炫民族风"

4. 教学建议

教学重点：多耶节在侗族文化中的地位；多耶在不同历史时期的演变情况；地域文化对区域的影响。

教学难点：当今多耶传承与发展面临的主要问题；解决这些问题的途径。

5. 活动要求

1）文明纪律

服从安排，准时守约，文明礼貌，注意安全。

2）学习要求

小组合作，积极思考和实践，自主学习，主动交流，认真记录。

3）成果要求

（1）个人成果。

①撰写研学旅行的反思日志，记录自己的成长、体验和感悟，从而深化对学习经历的理解。

②整理一套研学活动照片集锦。

（2）班级成果。

①组织文化展示活动，展示各自的艺术作品、手工制品、摄影作品等，以多样的形式向其他同学和教师展示所学的多耶文化。

②安排班级成员进行主题演讲或展示，分享他们对多耶文化的独特见解和深刻理解，让整个班级受益。

③发布一篇本次活动的新闻报道。

19.2　多耶教学过程

19.2.1　多耶的奇闻轶事

建议用时：40 分钟

教学用具：三江县侗寨多耶节歌舞视频

活动流程：

教学环节	教师活动	学生活动	设计意图
情景导入	**故事导入：** 在很早以前，侗族有一位名叫金比的商人。一天，他偶然来到神仙居住的地方，被那里的歌舞盛会深深吸引，音乐、舞蹈和华丽的服饰使他如痴如醉。三天过去，他才依依不舍地离去。不料，他回到人间时已经过去了整整三年。金比的突然归来让家人和乡亲们感到惊讶，他滔滔不绝地讲述了在仙境中的所见所闻。乡亲们闻讯，决定派出族中富有声望的老人，携带珍贵宝物，前往天上买歌。经历重重困难，他们最终成功到达目的地。自此以后，每逢春节，侗族就有了"踩歌堂"的活动。 图 19.1　多耶活动 **布置任务：** 请各位同学在三江侗族村寨进行田野调查，记录多耶节期间多耶表演的服饰和舞蹈等方面的特点；安排同学们进行访谈，与侗族文化传承者交流，了解多耶节的文化内涵和传统技艺	同学们分组前往侗族村寨，使用相机、录音笔等工具记录多耶节的文化表演、服饰、舞蹈等细节；组织学生进行访谈，提前准备问题，与侗族文化传承者进行深入交流	通过实地调查，培养学生的观察能力和记录能力，让学生深入了解多耶节的文化元素，提升多感官体验。通过访谈，激发学生对侗族文化传承者的敬意，了解多耶节在侗族文化传承中的地位，同时培养学生的社会交往能力
探究新知	**提出问题：** 1. 侗族的传统服饰有何独特之处？ 2. 多耶舞蹈的动作和意义是什么？ 3. 多耶节在侗族文化中的地位是怎样的？ 4. 多耶节的文化表演有哪些特色？ 5. 多耶节对侗族文化的重要性体现在哪些方面？ **引导思考：** 人地协调、区域差异、文化旅游	学生讨论并回答问题	通过问题引导学生关注侗族服饰细节，了解侗族文化的独特魅力，激发学生对多耶文化表演形式的兴趣，引导他们发现其中的独特之处。深入剖析多耶舞蹈的动作和意义，鼓励学生深入挖掘多耶舞蹈的文化内涵，理解其中蕴含的传统价值观

第 19 章　多耶：跳出"最炫民族风"

续表

教学环节	教师活动	学生活动	设计意图
课堂小结	我们深入学习了侗族文化中的重要元素——多耶。通过在三江侗寨的亲身体验，同学们感受到了多耶表演和侗族服饰等的魅力，用相机和录音笔记录下了这些珍贵的经历。在这个过程中我们不仅学到了书本上所没有的知识，更培养了我们观察、记录和社会交往的能力。接下来让我们一起总结多耶的文化内涵和多耶节的重要性	师生与教师共同归纳并总结	帮助学生构建知识树，巩固新知
研学评价	完成并提交"研学评价单"		评价单的设计具有反馈功能，为学生提供研学旅行表现的详细反馈，引导其对下一步学习目标的思考

19.2.2　多耶的前世今生

建议用时：40 分钟

教学用具：有关多耶历史演变的视频

活动流程：

教学环节	教师活动	学生活动	设计意图
情景导入	**案例呈现：** 多耶的历史悠久，源自侗族先民的生产劳动。侗族作为聚族而居的民族，早期社会的生产与生活涉及狩猎和祭祀等，这些活动需要众人集体协作方能完成。随着社会的发展和劳作方式的多样化，歌舞与劳动相结合的机缘增多，舞乐歌逐渐相互融合，多耶便在这种背景下成了最具代表性的集体歌舞 图 19.2　多耶表演(后附彩图)		

续表

教学环节	教师活动	学生活动	设计意图
情景导入	布置任务： 1. 请各位同学以小组为单位，根据相关材料，进行多耶的历史研究，追溯其起源、演变过程和与侗族社会发展的关联。 2. 思考多耶在侗族文化中的地位，以及多耶如何受到历史背景、社会变迁的影响。 3. 引导学生了解多耶在当代的表演形式，与历史上的多耶进行比较分析	小组成员合作搜集多耶相关的历史资料，并将不同时期的资料进行对比分析	通过对比分析资料，探寻多耶的历史，激发学生研究多耶演变过程的兴趣，培养其历史研究和资料整合能力。了解多耶的演变历史，促使学生关注当代多耶的传承与创新，培养学生对文化演变的敏感性
探究新知	提出问题： 1. 多耶是如何从侗族先民的生产劳动中演变而来的？ 2. 多耶在不同历史时期有何变革？ 3. 多耶在不同历史时期的演变是否受到政治、经济等因素的影响？ 4. 多耶在侗族文化中扮演了怎样的角色？ 5. 当代多耶节的表演形式是否保留了历史传统？ 6. 多耶在当今侗族社会中有何改变？ 引导思考： 1. 评价当代多耶在侗族传统文化传承中的作用，以及它对侗族社会当代发展的影响。 2. 当代多耶表演形式的特点与意义	学生实地搜集多耶相关的材料，讨论、探究并回答问题	小组合作的方式培养了学生的集体意识，有利于集思广益。激发学生对多耶历史背景的好奇心，培养学生主动学习的能力。 促使学生关注文化传统在当代社会中的价值，培养学生对传统文化的珍视和传承
课堂小结	多耶作为侗族独有的节庆文化符号，承载着丰富的历史和深厚的文化内涵。三江侗族多耶的产生与三江县自然环境的影响和乡间人民的生产劳作息息相关，并随乡间人民走过无数个春夏秋冬。在市场经济的今天，许多传统民族文化都受到排挤，三江侗族通过举办多耶节来实现传承文化的目标，并取得了文化传承与经济效益的双赢效果	师生共同归纳总结	帮助学生构建知识树，巩固新知
研学评价	完成并提交"研学评价单"		通过多个方面的评价指标，包括知识掌握、实践能力、团队协作、创新思维等，全面了解学生在研学旅行中的表现

19.2.3 多耶的发展之路

建议用时：40分钟

教学用具：多耶发展问题采访视频

活动流程：

教学环节	教师活动	学生活动	设计意图
情景导入	**案例呈现：** 多耶是侗族独有的非语言文化，以歌舞形式维系着侗族人民的交流和发展。参与节庆、生产、祭祀、婚丧等各类传统活动，是侗族人民生活的基本组成部分。多耶象征着侗族节庆文化，是侗族民俗文化的灵魂支柱，承载着丰富的精神内涵。随着交通的发达，侗寨逐渐增强与外界的交往，由于封闭状态被打破、文化融合和环境改变，多耶经历了娱神、娱己、娱人的阶段，从深刻的宗教祭祀逐渐演变为一种娱乐的形式。随着时代的发展，与人们生活和心理更贴近的新型舞蹈与健身形式可能逐渐替代多耶。为了传承和发扬多耶文化，我们该怎样做？ **布置任务：** 1. 学生针对多耶发展问题开展调查研究，关注当前多耶在表演、传承、社会认可等方面面临的挑战。 2. 学生提出解决多耶发展问题的方案，包括推动创新、加强传承、拓展表演场合等方面的建议。 3. 针对问题和建议写一份实践报告	学生展开访谈，并形成访谈报告	通过访谈与问卷调查，学生思考三江县侗族多耶表演在传承和发展中遇到的问题，锻炼学生善于从实践中发现问题和分析问题的能力。 通过资料收集和小组讨论的方式，提出解决多耶发展问题的方案，培养学生自主探究和解决问题的能力
探究新知	**提出问题：** 1. 多耶在当今社会面临的主要问题是什么？ 2. 这些问题对侗族文化的传承和发展有何影响？ 3. 有哪些方法可以解决当前多耶所面临的问题？ 4. 这些方案是否可行，对多耶的可持续发展有何促进作用？ **引导思考：** 1. 是否可以借鉴其他文化保护成功的案例，探索多元发展的途径？ 2. 这些方案是否切实可行，是否能够在当代社会条件下促进多耶的可持续发展？	学生分组讨论并回答问题，教师补充说明	学生通过实际参与思考多耶表演传承和发展遇到的问题，引导学生关注乡村发展，培养学生对于国家和民族发展的责任感和使命感
课堂小结	多耶是侗族文化的重要组成部分，但随着现代文化的涌入，多耶面临文化冲击，传承断裂的风险加大。本节课我们一起探讨了多耶在传承和发展中遇到的一些难题，也提出了一些解决这些问题的建议和方案。让我们共同努力，保护并发扬这一珍贵的文化遗产。接下来让我们一起总结本节课所学的知识	师生共同归纳总结	帮助学生构建知识树，巩固新知

续表

教学环节	教师活动	学生活动	设计意图
研学评价	完成并提交"研学评价单"		通过多个方面的评价指标,包括知识掌握、实践能力、团队协作、创新思维等,全面了解学生在研学旅行中的表现

19.3 多耶研学评价

研学活动涉及多个方面的知识和技能,研学评价可以了解学生在不同领域的表现。通过研学评价,可以更好地了解学生的个性特点和兴趣爱好等,有利于个性化教育和发展规划。本次研学活动评价以过程性评价为主、总结性评价为辅。借鉴素质教育的理念,建立了相应的评价指标体系。通过积极正面的评价,激发学生对学科知识和实践活动的兴趣,提高学生学习的主动性。

评价方式	评价项	评价内容	自评(30%)	互评(30%)	师评(40%)	研学成绩
过程性评价	政治思想道德(5分/条)	遵守社会公德,尊重当地的民族习俗,自觉落实学生行为规范				
		公共场所文明用语,不大声喧哗,维护公共秩序				
		爱护公共财物,保护古迹,做文明参观使者				
	知识学习能力(5分/条)	态度认真,准备充分,积极参与研学课程活动,有成果收获				
		研学过程中完成教师布置的任务的情况和质量				
		积极回答教师提出的问题,展现较高的课外知识水平				
	创造性思维和实践技能(5分/条)	勇于探究,自主观察,具备发现问题和记录观察现象的能力				
		能在较短时间内学会搜集和处理信息的方法和手段				
		能够在自主探究学习中,运用所学知识解决实际问题				

续表

评价方式	评价项	评价内容	自评（30%）	互评（30%）	师评（40%）	研学成绩
过程性评价	体能与自我管理能力（5分/条）	安全意识强，遇事冷静，不侵犯他人隐私				
		对潜在危险的识别和预防能力，如注意安全标识、规避潜在风险				
		时间管理能力强，遵守时间节点，不影响活动流程				
		在用餐过程中的自我管理，注意食品安全，保持良好的饮食习惯				
	艺术鉴赏兴趣与能力（5分/条）	对多耶表演表现出浓厚兴趣，积极体验和记录多耶文化的细节				
		对多耶艺术有独到的见解和深度理解，对其有创造性思考				
总结性评价	表达交流能力（5分/条）	积极参与小组讨论，分享想法、集思广益、互相激发创意				
		小组成员团结协作，合理分工，乐于分享				
		对多耶文化的叙述用词准确、语言通顺、文笔流畅等				
	成果展示能力（5分/条）	研究报告的结构和内容质量佳，对小组同学的学术水平综合评价合适				
		小组成果展示方式的多样性				

第 20 章 剪纸：剪出万物春色

20.1 剪纸课程设计

20.1.1 剪纸设计意图

剪纸是侗族传统文化的重要组成部分，具有丰富的艺术价值和民俗特色。皇都村将侗族剪纸作为当地的特色产业之一，通过培训和推广，帮助村民提高剪纸技艺并创业，为村民增加了收入。侗族剪纸得到了广泛的关注和推广，吸引了大量的游客前来欣赏和购买这种传统的手工艺品。皇都村依托侗族剪纸文化发展旅游业，建造了剪纸博物馆、剪纸艺术展览馆等设施，为村民带来了旅游收入。综上所述，皇都村作为侗族剪纸的发源地之一，地理位置优越，自然环境多样，人文特色丰富，经济发展逐渐多元化。通过对皇都村侗族剪纸的了解与研究，学生可以增加对侗族文化的认知，也能够体会到地理环境与人文特色对艺术创作与经济发展的重要性。

课程领域：地域文化、产业结构、文化传承

适用年级：中学

建议课时：3 课时

20.1.2 剪纸教学目标

教师参与建设研学旅行活动基地、营地，并设计研学旅行线路和实践点的活动任务。教师组织学生参加研学旅行活动全过程。在实地研学前，引导学生观看侗族剪纸的相关作品与访谈视频，帮助学生了解侗族剪纸的纹样、色彩、题材、寓意等，引导学生关注侗族剪纸与侗族人民生产生活的联系，激发学生的热情和好奇心。明确以下研学目标：

1. 人地协调观

了解侗族剪纸相对于汉族剪纸有何特点，思考侗族剪纸中涉及的自然元素与传递的价值观念。思考侗族剪纸在侗族人民的生产、生活中发挥着怎样的功能，体现了侗族人民怎样的生活智慧。

2. 综合思维

（1）组织学生参与剪纸过程，思考侗族剪纸包含哪些题材，这些题材体现了哪些文化内涵。

（2）通过开展以"侗族剪纸开发是利大于弊，还是弊大于利"为主题的辩论赛，学生能够锻炼语言表达能力，培养辩证思维。学生在搜集相关资料的过程中，能够深入理解侗族剪纸的文化内涵，培养学生对民族文化的兴趣，促进剪纸文化的传承与创新。

3. 区域认知

（1）引导学生思考侗族所处的地理环境对剪纸艺术传承开发的利弊，以及如何利用现代信息技术推动侗族剪纸外延式发展。思考这些问题有利于从区域的角度出发，深入认识地理事物。

（2）如何避免侗族剪纸在产业开发中的同质化现象？学生思考相关问题并指出地域文化开发面临的困境，提高运用理论知识解决实际问题的能力。

4. 地理实践力

（1）通过对侗族剪纸传承人进行访谈，了解侗族剪纸的发展历史与传承困境，培养学生的交流沟通、信息收集和动手操作能力。

（2）小组合作创作特定主题的剪纸作品。通过合作制作与分享作品，提高学生的团队合作能力与人际交往能力。

20.1.3 剪纸教学准备

1. 确定研学地点

皇都村是侗族剪纸的发源地之一，位于黔、湘、桂三省（区）交界处，是典型的侗族聚居村落。该地区地势起伏，山地、丘陵、河流交错，是侗族人民繁衍生息的地方。此外，该地区山峦起伏，河流纵横，气候湿润，适宜农业发展。自然环境的多样性为侗族剪纸的创作提供了丰富的灵感和素材。侗族人民崇尚自然，剪纸作品中常常能够看到杉树、河流等与自然相关的图案和符号。侗族剪纸作品常常以侗族人民的生活场景、传说故事、宗教信仰等内容为主题，形象生动，寓意深远。侗族剪纸是侗族文化的瑰宝，通过剪纸艺术，学生可以深入了解侗族人民的传统生活方式、宗教信仰和审美观念。

2. 核心概念

（1）剪纸艺术。剪纸是使用剪刀、刻刀等工具在纸上进行剪、刻、镂空处理，并对基本纹样和图案进行变形或夸张的处理，使得各种物体组合呈现在同一画面上，给人以视觉上的享受。

（2）文旅融合。文旅融合指地方文化景观与旅游发展的融合，涉及文化在旅游发展中的作用、旅游发展对文化传承的影响和文旅融合的内容研究三个方面。

（3）原真性。原真性指保护对象在时间维度上的原始状态，强调整个村落的空间布局、景观、建筑肌理以及民俗文化和生活方式等在时间维度上的原真保存。

（4）非物质文化遗产活态传承。在日常交流中保护物质形态，并且活态保存其传承载体，是物质及相关文化活动保护性发展的一种方式。

3. 教学材料

彩色纸、剪刀等工具。

教学设备：多媒体、研学手册、研学评价表。

4. 教学建议

教学重点：地域文化的特征；侗族剪纸产业发展困境。

教学难点：侗族剪纸与地域文化的关系；侗族剪纸产业发展对策。

5. 活动要求

1）文明纪律

服从安排，准时守约，文明礼貌，注意安全。

2）学习要求

收集相关资料，将理论知识应用到生活情景中；小组合作探究，相互配合，共同完成学习任务。

3）成果要求

（1）个人成果。

①利用PPT展示自己的学习心得（包括活动过程、实践收获、创新构想等）。

②整理一套研学活动照片集锦。

（2）班级成果。

①发布一篇本次活动的新闻报道。

②汇总并讨论研学调查数据，撰写一份分析报告。

③以"侗族剪纸开发是利大于弊，还是弊大于利"为主题开展一场辩论赛，并记录辩论过程。

20.2 剪纸教学过程

20.2.1 欣赏侗族剪纸

建议用时：40分钟

教学用具：剪纸作品

活动流程：

教学环节	教师活动	学生活动	设计意图
情景导入	**案例呈现：** 介绍侗族剪纸的历史渊源和民俗背景，欣赏侗族剪纸作品，让学生对侗族文化产生兴趣和好奇心。 **活动总结：** 学生观察剪纸艺术的造型、图案、色彩，思考不同剪纸作品蕴含的寓意，并通过写作、演讲等方式总结活动内容，分享自己在侗族剪纸研学活动中的体验和收获。 **布置任务：** 剪纸技艺学习：通过侗族剪纸艺人的讲解和示范，学生学习侗族剪纸的基本技法和工具使用技巧，如剪刀的使用技法、纸张的选择等	学生思考并讨论规划内容，教师补充说明	认识传统文化，了解侗族剪纸的历史、发展和文化内涵，培养学生对传统文化的尊重和热爱
探究新知	**提出问题：** 1. 侗族剪纸有哪些题材，其中蕴含了哪些特色文化？ 2. 与汉族民间剪纸相比，侗族剪纸有什么特点？ 3. 侗族剪纸艺术表现出哪些艺术特色？剪纸艺术在侗族人民生活中充当什么角色？ **引导思考：** 造型的生活化、图案的装饰性、色彩的鲜明度、寓意的趣味性	学生回答侗族剪纸的特点及侗族剪纸与当地居民日常生活的联系。 学生讨论并回答问题	提高艺术素养：学习剪纸的基本技法，培养学生的审美能力和艺术创造力
课堂小结	剪纸表达的内容多是对图腾的崇拜或对美好生活的向往，在造型上是对生活中的素材进行去繁化简的处理，这是剪纸造型设计的基础。 剪纸作品非常讲究图案组成的对称和平衡，于是就产生了二方连续、四方连续等剪刻形式。剪纸注重创作者本身的主观意象，在此基础上进行纹样和色彩的搭配，形成了简练、夸张、富有装饰性的风格	学生与教师共同归纳并总结	帮助学生构建知识树，巩固新知
研学评价	完成并提交"研学评价单"		全面评估学生的学习和发展情况，提升学生的自我认知和相互学习能力

20.2.2 剪纸创作

建议用时：40 分钟

教学用具：剪刀、彩色纸

活动流程：

教学环节	教师活动	学生活动	设计意图
情景导入	**案例呈现：** 带领学生参与侗族剪纸的体验活动，感受侗族剪纸的魅力。 **布置任务：** 学生根据自己的创作灵感，选择主题，进行剪纸创作（可以根据侗族传统元素、自然景观、流行元素、时代精神或者个人喜好进行创作）	学生亲身参与剪纸创作过程，分享自己的心得体会	学生亲身体验剪纸乐趣，加强对剪纸文化的直观感受，培养学生对美的感知
探究新知	**提出问题：** 要求学生写一份活动总结，包括对剪纸学习的回顾、心得体会和对侗族剪纸的理解。请同学们结合自己对当地文化特色的了解，设计一款剪纸。 **引导思考：** 侗族剪纸较常见的题材为杉树、鸟虫等自然元素，表现形式较侧重纹样轮廓、内部针刺，很少剪镂，目的是给绣花者留下再创造的余地	学生分享自己的作品，并说明其中体现的设计思路与作品寓意	学生通过设计剪纸，能够培养创造性思维，实现知识的迁移与应用
课堂小结	1. 侗族剪纸是侗绣的基础，学会制作精美的剪纸才能做出好的侗绣。 2. 传统社会中人类抵御自然灾害的力量较弱，人们对自然怀有敬畏之心，这种敬畏自然、对美好生活向往的思想情感在侗族剪纸艺术中得到了充分体现	学生与教师共同归纳并总结	帮助学生构建知识树，巩固新知
研学评价	完成并提交"研学评价单"		注重对学生的过程性评价

20.2.3 侗族剪纸的发展路径

建议用时：40 分钟

教学用具：侗族剪纸发展历史

活动流程：

教学环节	教师活动	学生活动	设计意图
情景导入	**案例呈现：** 侗族文化展览：设置侗族文化展览区，展示侗族剪纸的历史、技法和艺术特点，引导学生深入了解侗族文化。 **布置任务：** 剪纸展示与分享：学生将自己的剪纸作品展示给其他同学和教师，分享自己的创作灵感、心得体会和对侗族剪纸的理解	学生可以通过半结构访谈法深入了解侗族剪纸产业发展中面临的困境，并整理访谈资料	增强学生的民族自信心，激发学生对侗族文化的兴趣

续表

教学环节	教师活动	学生活动	设计意图
探究 新知	提出问题： 1. 主办"剪纸+"活动，请同学们发挥想象，思考剪纸与帆布包、杯垫、香囊、手机壳等元素结合，可以设计出哪些作品？ 2. 皇都村发展侗族剪纸产业面临哪些困境？有何解决策略？请同学们以侗族剪纸文化为出发点，为皇都村的产业发展出谋划策。 3. 开展以"侗族剪纸开发是利大于弊，还是弊大于利"为主题的辩论赛。 引导思考： 1. 设计剪纸衍生品，如包含剪纸图案的帆布包、杯垫、香囊、手机壳等；设计侗族剪纸主题餐厅、民宿等吸引游客打卡；设计剪纸体验活动，设计剪纸相关的DIY产品，满足用户的成就感。 2. 针对资金不足、传承断层、人才培训、特色挖掘、产品销售、新技术应用等话题开展讨论	学生讨论并回答问题	通过剪纸作品展示和分享，激发学生的表达欲望，提高学生的口头表达和写作能力
课堂 小结	利用自媒体对侗族剪纸进行线上推广，借力皇都村的旅游开发，拓展剪纸衍生品和剪纸体验的市场，将现代技术与传统剪纸技艺相结合，设计剪纸传承活动	学生与教师共同归纳并总结	帮助学生构建知识树，巩固新知
研学 评价	完成并提交"研学评价单"		采用学生自评、学生间互评、教师评价相结合的方式评估学生的学习效果，在评价过程中提升学生的自我认知与相互学习的能力

20.3　剪纸研学评价

各参与主体基于全方位评价原则、多主体评价原则、重实效评价原则、顾全面评价原则，对本次研学背景、研学投入、过程、影响、成效、可持续发展、可推广性等进行评价。在对学生评价时，以过程性评价为主、总结性评价为辅。结合素质教育的观点，建立对应的评价指标体系，采用学生自评、互评和师评相结合的方式，全面评估学生的学习和发展情况，提升学生的自我认知和相互学习的能力。

评价方式	评价项	评价内容	自评（30%）	互评（30%）	师评（40%）	研学成绩
过程性评价	政治思想道德（5分/条）	热爱祖国、有坚定的政治立场				
		有较强的文化认同和民族自信				
		诚实守信、尊重当地风俗习惯、保护环境				
	知识学习能力（5分/条）	掌握相关的哲学观点，形成正确的区域认知和人地协调观				
		查阅相关文献，提出因地制宜的策略				
		自主分析总结教师提出的各种问题				
	创造性思维和实践技能（5分/条）	提出独特且有创新性的观点				
		掌握获取和处理信息的方法和手段				
		掌握绘制地图的标准和技能				
		掌握实践操作流程				
	体能与自我管理能力（5分/条）	较强的身体素质、反应灵活，较快适应当地环境				
		有毅力和恒心，积极参与研学实践				
		遵守纪律，保持良好的生活习惯				
	艺术鉴赏兴趣与能力（5分/条）	积极参与研学中非遗技艺的直接体验				
		对艺术作品的表现形式、风格和意义有自己的理解和感受				
总结性评价	表达交流能力（5分/条）	具备良好的沟通交流能力，有团队协作意识				
		积极参与小组讨论，分享想法、集思广益、互相激发创意				
		充分利用文字、绘图或其他方式表达自己的看法				
	成果展示能力（5分/条）	报告内容完整、表述准确、图片丰富				
		使用PPT、视频、音频等工具展示成果				

主要参考文献

[1] 《侗族简史》编写组. 侗族简史[M]. 贵阳：贵州民族出版社，1985.

[2] 杨立国. 景观基因与地方认同：侗族传统村落的实证[M]. 广州：中山大学出版社，2022.

[3] 赵巧艳. 中国侗族传统建筑研究综述[J]. 贵州民族研究，2011，32（4）：101-109.

[4] 朱馥艺. 侗族建筑与水[J]. 华中建筑，1996，14（1）：1-4，19.

[5] 朗维宏. 黔东南侗族建筑装饰初探[D]. 重庆：重庆大学，2007.

[6] 蒋馨岚. 侗族建筑文化遗产研究[D]. 武汉：华中师范大学，2009.

[7] 李哲，柳肃. 湘西侗族传统民居现代适应性技术体系研究[J]. 建筑学报，2010，56（3）：100-103.

[8] 张民. 侗族"鼓楼"探[J]. 中央民族大学学报，1986（2）：94-96.

[9] 杨昌鸣. 寨桩·集会所·鼓楼：侗族鼓楼发生发展过程之我见[J]. 贵州民族研究，1992（3）：73-79.

[10] 普虹. 独脚"罗汉楼"今古考[J]. 贵州民族研究，1989（1）：126-127.

[11] 蔡凌. 侗族聚居区的传统村落与建筑[M]. 北京：中国建筑工业出版社，2007.

[12] 黄梅. 近年来侗族侗款制度研究综述[J]. 传承，2013（9）：101-103.

[13] 郝瑞华. 全球化语境下民族认同的建构与突围[J]. 贵州民族研究，2014，35（5）：1-4.

[14] 姚丽娟，石开忠. 侗族地区的社会变迁[M]. 北京：中央民族大学出版社，2005.

[15] 阙跃平. 民族学视野下的侗族风雨桥：以广西三江程阳桥为例[D]. 北京：中央民族大学，2007.

[16] 廖君湘. 侗族传统社会外部控制诸方式[J]. 贵州民族研究，2005，25（4）：67-73.

[17] 邓敏文，吴浩. 侗款的历史变迁[J]. 民族论坛，1994（2）：60-66.

[18] 石开忠. 侗族习惯法的文本及其内容、语言特点[J]. 贵州民族学院学报（哲学社会科学版），2000（1）：21-24.

[19] 向零. 洞款乡规及其演变：对侗族社会组织形式、功能及其演变的探讨[J]. 贵州民族研究，1989（3）：6-14.

[20] 欧潮泉，姜大谦. 侗族文化词典[M]. 香港：华夏文化艺术出版社，2002.

[21] 吴浩. 中国侗族村寨文化[M]. 北京：民族出版社，2004.

[22] 廖君湘. 南部侗族传统文化特点研究[D]. 兰州：兰州大学，2006.

[23] 余达忠. 侗族"鼓楼文化"的层面分析[J]. 贵州民族研究，1989（3）：44-48.

[24] 杜倩萍. 侗族鼓楼建筑特色及文化内涵[J]. 中央民族大学学报，1996，28（1）：9-15.

[25] 李东泽. 从恭城孔庙和程阳风雨桥看儒侗和谐审美观的差异[J]. 社会科学家，1995（4）：7-13.

[26] 潘晓军. 侗族风雨桥文化[J]. 广西地方志，2006（1）：60-62.

[27] 黄雯. 论侗族文学中的生态意识[J]. 贵州社会科学，2008（7）：59-63.

[28] 廖开顺，石佳能. 侗族神话与侗族幻象和意象文化心理[J]. 民族论坛，1995（2）：61-65，24.

[29] 廖开顺. 侗族歌谣事象的文化功能[J]. 民间文化，2000（7）：21-24.

[30] 陈丽琴. 论侗戏的审美生成、发展与走向：侗族风俗审美研究之四[J]. 经济与社会发展，2003（12）：154-158.

[31] 欧俊娇. 侗戏风俗研究[J]. 贵州民族学院学报, 2004（5）：57-60.

[32] 周恒山. 试论侗戏的个性特征及其发展趋势[J]. 贵州民族研究, 1990（4）：146-149.

[33] 邓光华. 侗族大歌音乐心理初探[J]. 中国音乐, 1996（4）：22-23.

[34] 赵晓楠. 传统婚俗中的小黄寨侗族音乐：对小黄寨侗族音乐的文化生态考察之一[J]. 中国音乐学, 2001（3）：86-95.

[35] 乔馨. 论侗族大歌传统音乐文化的传承[J]. 东北师范大学学报（哲学社会科学版）, 2007（4）：109-114.

[36] 石霞峰. 侗锦的文化意义探讨[J]. 民族论坛, 2010（8）：50.

[37] 仇保兴. 调查传统村落底数 保护利用遗产资源[J]. 小城镇建设, 2012（6）：16-23.

[38] 金珏. 侗族民居的生长现象试析[J]. 贵州民族研究, 1993（3）：118-123.

[39] 罗德启. 侗寨特征及侗居空间形态影响因素[J]. 建筑学报, 1993（4）：37-44.

[40] 胡宝华. 侗寨传统建筑技术文化解读[D]. 南宁：广西民族大学, 2008.

[41] 祝家顺. 黔东南地区侗族村寨空间形态研究[D]. 成都：西南交通大学, 2008.

[42] 管彦波. 影响西南民族聚落的各种社会文化因素[J]. 贵州民族研究, 2001（2）：94-99.

[43] 秦红增. 侗族村寨的空间结构及其文化意蕴：以广西三江高又寨为例[J]. 贵州民族研究, 2001（2）：65-67.

[44] 佘小云. 侗族萨崇拜仪式的象征及其历史文化积淀[J]. 湘潭师范学院学报（社会科学版）, 2009, 31（6）：218-220.

[45] 段玉山, 袁书琪, 郭锋涛, 等. 研学旅行课程标准（一）：前言、课程性质与定位、课程基本理念、课程目标[J]. 地理教学, 2019（5）：4-7.

[46] 郭锋涛, 段玉山, 周维国, 等. 研学旅行课程标准（二）：课程结构、课程内容[J]. 地理教学, 2019（6）：4-7.

[47] 丁运超, 丁勇成. 地理教学视角下的研学旅行[J]. 中学地理教学参考, 2016（7）：69-71.

[48] 邱涛. 研学旅行地理类活动课程开发研究[J]. 中学地理教学参考, 2018（5）：26-27.

[49] 熊松泉, 汤国荣. 基于地理实践力培养的研学课程开发探索：以校本课程《诸暨八亿年》为例[J]. 中学地理教学参考, 2018（17）：32-34.

[50] 朱玲, 殷航. 基于课程的高中地理研学旅行资源整合与流程设计[J]. 地理教学, 2019（13）：51-53.

[51] 陈仕涛, 张明礼, 张志刚, 等. 地理研学旅行融入思政元素的探索与实践[J]. 地理教学, 2021（9）：35-37, 56.

[52] 王太文. 基于地理实践力的研学旅行设计与实施：以"诗意黔行"地理课程为例[J]. 中学地理教学参考, 2018（20）：68-69.

[53] 吴俊和. 具身认知理论下中学地理研学旅行教学的问题设计[J]. 地理教学, 2020（8）：58-60.

[54] 张大来, 堵久义, 孟海平, 等. 核心素养背景下的地理研学实践研究[J]. 地理教学, 2019（1）：61-64.

[55] 郝鹏翔. 地理核心素养视域下中学地理研学设计与实施[J]. 地理教学, 2019（2）：45-47.

[56] 惠明. 地理研学旅行深度体验课程开发策略探析[J]. 中学地理教学参考, 2020（5）：78-80.

[57] 李香波, 尹发能. 研学旅行课程开发与活动设计[J]. 中学地理教学参考, 2021（20）：93-96.

[58] 彭其斌. 研学旅行课程概论[M]. 济南：山东教育出版社, 2019.

[59] 李家清. 地理教学设计的理论基础与基本方法[J]. 课程·教材·教法, 2004（1）：64-67.

[60] 中华人民共和国教育部. 普通高中地理课程标准（2017年版2020年修订）[M]. 北京：人民教育出版

社，2020.

[61] 林悦，王健，钱伟，等."课程思政"理念与高中地理教学的融合[J].中学地理教学参考，2021（3）：17-20.

[62] 秦肖肖.基于遥感技术的地理乡土活动课程设计：以"认识家乡的土地利用类型"项目式学习为例[J].地理教学，2020（3）：46-48.

[63] 王万里.课程文化视域下的地理校本课程设计[J].地理教学，2018（13）：45-47，23.

[64] 吴其琳，柳云龙.POGIL理论对高中地理研学旅行课程设计的启示[J].中学地理教学参考，2023（17）：4-6.

[65] 吴国玺，张泊平，李中轩.基于虚拟现实技术的地理课程设计[J].中国教育学刊，2018（S1）：90-91，155.

[66] 李铂川，杨光辉，李双双，等.基于地理核心素养发展机制的研学旅行课程设计与评价：以腾冲研学为例[J].中学地理教学参考，2022（5）：74-76.

[67] 赵鹏宇，刘丽芳，高志峰，等.基于"导、研、展、评"研学课程结构的五台山地理研学课程设计[J].地理教学，2022（12）：53-56.

[68] 段玉山，杨昕，丁荣.地理：培养具有生态文明理念的全面发展的人[J].中国基础教育，2022（12）：30-33.

[69] 周代许，王民.深度学习视域下的高中地理教学设计[J].中学地理教学参考，2022（13）：20-24.

[70] 李可，傅先君，张新主.融入文化安全教育的高中地理教学设计：以湘教版"地域文化与城乡景观"为例[J].中学地理教学参考，2023（14）：42-44.

[71] 王孟瑜，荆延德.基于学习进阶的地理教学设计：以"人地关系与可持续发展"为例[J].地理教学，2020（13）：10-14.

[72] 龚琳，邱莉.基于三种学习理论的地理教学设计优化策略[J].中学地理教学参考，2017（23）：34-36.

[73] 段玉山，雷鸣，杨娅娜.地理研学课程设计及案例[M].西安：陕西师范大学出版总社，2023.

彩　图

图 2.2　蜡染图案

图 5.1　肇兴侗寨侗年庆祝活动场景

图 5.2　肇兴侗寨打糍粑场景

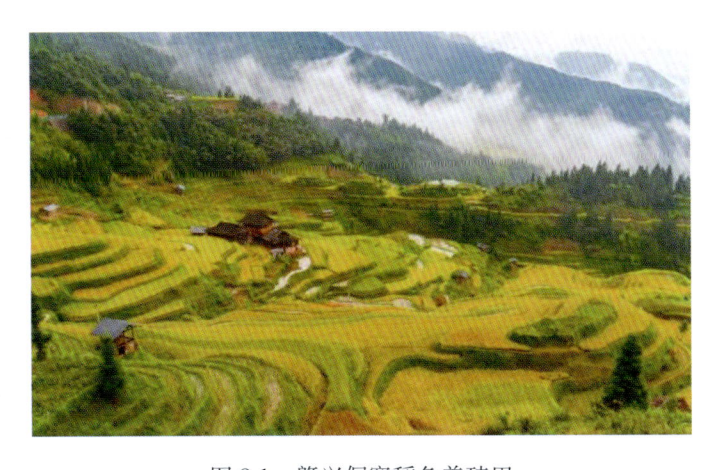

图 8.1　肇兴侗寨稻鱼养殖田

图 8.2　稻鱼

图 11.1　皇都村萨坛

图 12.2　皇都村普修桥近景

图 13.2　皇都村优美的自然环境

图 14.1　皇都村自然景观

图 19.2　多耶表演